青森怪談
弘前乃怪

高田公太／編著
鉄爺、鶴乃大助、高野真、小林龍司／共著

竹書房
怪談
文庫

※本書に登場する人物名は、様々な事情を考慮してすべて仮名にしてあります。また、作中に登場する体験者の記憶と体験当時の世相を鑑み、極力当時の様相を再現するよう心がけています。現代においては若干耳慣れない言葉・表記が登場する場合がありますが、これらは差別・侮蔑を意図する考えに基づくものではありません。

まえがき

高田公太

この本の中では、雪が降っている。

この本の中では、魂が彷徨《さまよ》っている。


我々、「弘前乃怪」は本州最果ての地、青森で活動する怪談愛好家の集まりだ。

弘前市を中心に県内一円で怪談会を開催し、それぞれが取材した話を披露するのが活動の中心である。

ここで暮らしここで生きる我々は、あくまでここで生きた怪異を探し、収集している。

本書に収載されたものもすべて青森県内での談話である。

怖い青森、優しい青森、楽しい青森、怪談を通して青森の色々な貌《かお》を閉じ込めた。

さて。

ようこそ、おらほ《私達》の青森へ。

目次

●……高田公太 ■……鉄爺 ◆……鶴乃大助
▲……高野真 ▼……小林龍司

6

マッパの女

バイク好きの須藤君から聞いた話。

須藤君は原付の免許しか持っていなかったため、二輪車免許を持つ仲間のツーリングに参加するときは後部シート専門だったそうだ。


その日も須藤君は友人の中型バイクに乗せてもらい、ひとしきりツーリングを楽しんだ。

そして夜、青森市から弘前市に帰る途中、国道を走り高速道路への分岐を過ぎた辺りに差し掛かったときのこと。


(ん……)

前方に人影を見つけた。

夜の国道に、人影があるだけでも目を引く。

更にその人影に近付くにつれ、どうにも様子がおかしいことが分かった。

遠目に見える、その人影は肌色一色だった。

「おい……マジか……」

徐々に寄っていくと、その道往く者が肌色一色の女と分かった。

全裸の女だったのだ。

それも、かなり若い。

「ゆっくり走れ！　ゆっくり！　マッパの女がいる！　拾って帰るべし！　うちらの間さ《に》挟んで、無理にでも乗せるべ！　三人乗りするぞ！」

ヘルメット越しでも友人に伝わるよう、須藤君はここ一番の大声を張り上げた。

バイクのスピードが落ち、女のやや後方にバイクが停まると、須藤君はいそいそとバイクから降りる。

のっぴきならないようなことでもなければ、若い女が全裸で道路脇にいる訳がない。

事件。

事故。

全裸で歩く女性の心が何かに傷つけられていることはまず間違いないだろう。

ならば下心を表に出してしまえば、自分達も悪者だ。

あくまで〈優しい男〉に徹しなければ。

「あの〜……あの……あの？」

須藤君は女の顔を見るなり言葉が詰まり、ゴクリと唾を呑んだ。

そして、踵《きびす》を返してバイクに飛び乗った。

「早ぐ！　早ぐ行げ！」

そのマッパの女は見間違えようもなく、ある友人の彼女だった。

ある友人とその彼女……。

二人は一年前、深夜に車で出掛けた折、不注意から対向車線へハンドルを切り、衝突事故で亡くなっていた。

事故時、その友人は下半身に着衣なし。

助手席の彼女は下着姿だった。


この国道にはかねて、現れては消える下着姿の女性の目撃譚がある。

しかし、須藤君が見たように全裸の状態で現れたという談話は他にない。

下着を外してまで〈優しい男〉に〈拾って〉もらいたかったのなら、これほど悲しい話はない。

数えてみる

弘前市に住む佳代子さんは小さい頃、算数が得意だった。

小学校からの帰り道ですれ違う車両のナンバープレートを見て、左の数字から右の数字を引いたり、民家の塀に使われているブロックの数を確かめてみたりしていたと言うから、本当に数字が好きだったのだろう。

ある日、漫画を買いに一人で書店へ行った。

当時、町で一番大きかった書店は土手町の駅寄りにあった。

目当ての漫画本を掴み、暫《しばら》く立ち読みをしているうちに、夕方になる。外に出ると、歩道でスーツを着た二十代のグループが、皆同じ紙袋を持ってたむろしていた。

彼らが談笑する姿は何とも楽しそうで目を引いた。

そこで、佳代子さんはこのグループが何人で構成されていて、男女は何人ずついるのか数えてみることにした。

パッと見では十人以上はいそう。二十人いるということはないだろうが、いたら面白い。数えてみないと分からないことだ。

グループは話し相手を変えるたびに、少し動く。ぼんやり数えていたら、重複もあり得るだろう。

全体数を数えるのに一番目立つのは、紙袋だ。素早く紙袋を狙って数えてみる。

一、二、三……。

十六人いる。

次に男女数を見る。

服装で数えてもいいが、一様に黒か紺の服を着ているので、顔で判断したほうがいい。

一、二、三……。

男は九人。

一、二、三……。

女は八人。

足して、十七人。

これでは全体数に合わない。

もう一度、全体を数えると十六人。

改めて数えても男九、女は八。

自分がどこでどう間違っているのかと考えた佳代子さんは、すっかり躍起になった。

どこが違うどこが違う――と、彼らの顔それぞれを覚える勢いで確かめた。

あっ！

間違ってる！

数え間違いの原因は、あの女の人だ。

あの黒髪の女性の首の横から、全然違う女の顔が生えている。

あの女の人、顔が二つある。

間違いに気が付いた佳代子さんはこれで安心、となる訳もなく、走ってその場を去った。

モザイク

弘前公園内でのこと。

蒔苗《まかなえ》さんは散歩途中、タバコを吸いに喫煙所に行った。

先客は男女数名の若者で、関西弁で何やら話していた。

「内藤先生は厳しいねん」

「せやろ。Aコースで五十ポイント取った言うてんのに、そのプレゼンではあかんて」

この辺りでは聞き慣れない方言で、理解し難い内容の話をしている。

「内藤先生、女には贔屓《ひいき》するらしいで」

「そんなん、あかんやろ」

内藤先生を批判していることは分かる。

「もっとちゃう星の読み方せんとあかんて、そればっかり言うやん。それではお客さんが納得せーへんって」

「せやけど、キョウちゃん、儲かってんのやろ?」

「せや。お客さんは増えとる」

「あかん。こんなセミナーでまた金なくなってまう」

蒔苗さんはそこまで盗み聞いたところで、何となくの想像が付いた。

察するに占星術の出張セミナーが開かれているらしい。

彼らはそのセミナーの長期受講生で、主催者のカリキュラムに従って青森くんだりまで来ているのだろう。このセミナーに参加した県内在住者に何か売ったり、占いの顧客にする商売なのだろうか。「星が」「説得でけへん」「怪しまれへんように」など、何か独特な価値観から放たれる言葉にどこかカルト染みたものを感じるが、別段自分に迷惑が掛かっている訳でもない。これまでの人生で、このようなカルトに遭遇したことがなかったので、ある種興味深くもある。

「お疲れー」

彼らは声をするほうに顔を向けた。

蒔苗さんも反射的に振り向く。

灰皿に向かってきたのは、どうなっているのか全く分からないほど顔がぼやけた女だった。蒔苗さんは何事が自分の視界に起きたかと、目をぱちくりさせた。もう一度女の顔を見ても、やはり顔がぼやける。服装や首筋ははっきり見えるのに、顔にだけ焦点が全く合わない。

「あと十五分で再開するから、プリント配ってや」

声から判断して彼らよりずっと年配のようだ。

「内藤先生、青森何回目ですか？」

若者の一人がそう言った。

「覚えてないわ。何回も来とるで。青森の人は、占い好きやね」

思わずじっと見ていたせいか、内藤先生は「ねえ？　お兄さんもねえ？」と蒔苗さんに声を掛けてきた。

蒔苗さんは「ああ。ああ」と生返事をしてからタバコを揉み消し、散歩を再開することにした。

女生徒

――きゃあああああ。
昼下がりの退屈な授業を引き裂いて、黒板の向こうから悲鳴が上がった。
どたん、がたんと大掃除でも始めたかのような物音が響く。
隣の教室で、何かが起きているのだ。
ばたばたばた、と誰かが廊下を走り抜けていく。
「おいあれ！」
クラスメイトが立ち上がり、外を指差した。
先生と生徒達が窓辺に駆け寄る。
見ればグラウンドのど真ん中を、セーラー服を着た女生徒が全力疾走していた。
髪を振り乱し、リボンをたなびかせて。
舞い上がる土煙が地に収まった頃、既に彼女はどこかへ走り去っていた。
隣のクラスの友人から聞いたところによると、それは突然のことであったという。

物静かな子が何の脈絡もなく奇声を発するや否や身を捩り、腕を振り回し始めたのだ。ペンが、教科書が、ノートが床に散らばった。

何かの発作を心配した同級生が声を掛けても、意に介さない。

肩を押さえ腕を掴もうとしても、あっという間に振りほどかれてしまう。

最初は遠巻きに眺めていた男子と先生が、助太刀に参上しても負ける。

押さえようとすればするほど暴れる力は大きくなって、椅子が床に転がった。机が逆さに引き倒された。

もはや手向かう者のなくなった彼女は、天啓を受けたかのように不意に立ち上がった。

そして廊下を駆け、グラウンドを突っ切り住宅街を抜け、小川に架かる橋を渡り、ゆるゆるとカーブを描く坂を登り、たわわに実ったりんご畑の脇を通って、学校から数キロ離れた山のふもとにある神社の境内で、放心して座っているところを発見された。

弘前市在住の黒田さんの、中学生時代の思い出である。その当時、学校ではコックリさんが流行っており、彼女は狐に取り憑かれたのだという噂が広まった。

尤《もっと》も、発見された神社は稲荷社ではなかったそうだ。

切り替わりならず

建設会社で事務職をするアヤコさんから聞いた話。

アヤコさんは一頃前までスナックに勤めていた。

現在もどことなく色気があるアヤコさんだが、当時の異性関係はなかなか奔放なものだったそうだ。

二十歳を超えた夏。

ある男性に言い寄られた。

好意こそ湧かなかったが、決して嫌いではないタイプだったので、軽い気持ちで付き合うことにした。

彼に他の女がいることを承知で。

違う女のことなんてどうでもいい。

楽しいなら二股上等だ。

関係が暫く続いたある日。

昼過ぎに起きて洗面所へ向かった。

顔を洗って目の前の鏡を見ると、背後に見知らぬ女性が立っていた。

その女はいかにも恨めしそうな表情で、鏡越しにこちらを睨んでいる。

女の顔色は随分悪かったが、服装などは珍しくもないカジュアルなものだった。

振り返るが、誰もいない。

勘違い……？

と思えればいいのだが、アヤコさんはこれまでの人生の中で何度か〈見た〉ことがある。

また見たか……まあ、たまにはあることだし……。

アヤコさんはなるべく気にしないようにしてその日をやり過ごしたが、それから毎日、鏡に映る女を見るようになってしまった。

しかも日を追う毎に女が鏡に現れる頻度が上がり、終いには朝夕問わず洗面所や姿見、コンパクトミラーなど鏡という鏡に女が映るようになった。

ああ、これは女の生霊だ。

あの男の二股目が怒ってるな。

アヤコさんは直感的にそう解釈していた。

しかし、鏡に映るからと言って、実害がある訳でもない。

こっちを睨む程度の相手に怯えるほど、こちとらヤワではない。

男には鏡の女のことを一切告げず、二股目などどこ吹く風とアヤコさんは関係を続けた。

そして、そのまま鏡から睨まれ続けること数カ月。

ある晩、友人のカナエさんと久しぶりに飲みに行った。

「その女の人どうしたの？」

「えっ？」

バレたか。

とアヤコさんは思った。

というのも、カナエさんもまた〈見る〉タイプで、しかも共通の友人達の間で「あの人、凄いよね。何でも分かっちゃう」と噂をされる類の、超強力型だったのだ。

ズバリ指摘されては仕方ないと事情を説明したところ、

「まぁ特に何かある訳でもないなら良いんじゃない？　そんなの出てきても、どうしようもないし」

とアヤコさんと同様の見解を示した。

類は友を呼ぶとはこのことだ。

それからまた数カ月が経った頃、鏡の女は突然ぱったりと現れなくなった。

根負けしたか、あの男と綺麗さっぱりに別れたか。

何にせよ、やっと毎日のウザったさから解放された。


アヤコさんは女が消えたことをカナエさんに報告した。

「その女の人ってさ、どこか行ったんじゃなく、消えてない？」

カナエさんは、何かに思い当たったのか眉間に皺《しわ》を寄せながらそう言った。

「消えた？　どういうこと？」

「いや。まあ、いいよ。出なくなったらそれでいいね」

アヤコさんは友人の真意が分からなかった。


カナエさんの言葉が気になったアヤコさんは、男と共通の友人にそれとなく二股目の女について訊いてみることにした。

「……でね。『消えた』って言われたのよ。ちょっと意味が分からないんだけど、その女が消えるって、どういうことなんだろね？」

その友人は驚いた様子で答えた。

「何でそのこと知ってんの？」

訊くと、二股目は元々身体が弱く、つい最近病気で亡くなったとのことだった。

消えてない？

消えてる。

確かに消えてる。

『やっぱり？　どこか行ったというより、気配が全く消えてたもんね……』

受話器の向こうのカナエさんはいかにも腑に落ちたような口調でそう答え、

『……でも、死んだ後は出てきてないの？　結局は死んだら本当に全部消えるのかな。イキリョウとかシリョウとかよく聞くけど、あれって自動的に切り替わったりしないんだね』

と笑いながら続けた。

22

積ん読

岸本君はアパートで一人暮らしをしている二十代後半のフリーターだ。

趣味は大型古書店通い。バイトの給料が入るたびに一冊三百円以内の本、雑誌などをまとめて買い漁っている。

買う本のジャンルに特に拘《こだわ》りはなく、過去に聞いたことがあるタイトルの本が安ければ買う、聞いたこともないけど何となく欲しかったら買う、とにかく買う。

ワゴンセールでもあろうものなら、ワゴンまるごと買い占めたくなる衝動に駆られてしまうこともある。

しかし、ではさぞかし読書好きなのだろうと想像してしまうが、実際はバイトで疲れて殆ど本を読むことがない。

学生時はよく読書をしていたそうだが、今は古本購入という行為でその名残が残っている程度なのだ。

ワンルームの中はとにかく本が積まれている。岸本君曰く「本のビルディング街」と化しているそうだ。

ある日のこと。

岸本君は焼き肉店でのバイトを終え、アパートに戻った。

遅めの夕食を摂ろうと、やかんを火に掛け、カップラーメンの封を切る。

テレビを点け、チャンネルをザッピングしていると、どうも自分のいる位置からでは一棟の本ビルが邪魔で、ディスプレイの一部分が隠れてしまうことに気が付いた。

何げなく本を積んでいると、こういうことがままある。

たまには本を片付けなくては。思えば本を処分したことが人生の中で一度もない。

そんなことを思いながら、とりあえずテレビの邪魔になる本ビルの上部にある何冊かを掴んで、脇の本ビルに移そうとした。

瞬間。

掴んで、そっと置く。

ぽんっと自分の手の上に、どこかから伸びた手が置かれた。

ハッと顔を上げると、本ビルと本ビルの間に灰色のトレーナーを着たおじさんがしゃがみ込んでいた。

いつから隠れていたんだ。泥棒か、変質者か。

目が合ってから先もおじさんは、にたぁ、と笑いながら岸本君の手の甲を触れたままだ。

「な、何《なん》だんすか……」

襲ってくる様子がないうちに岸本さんはまず声を掛けて相手の出方を窺《うかが》うことにした。

会話が成立するようなら、説得して外に出すことができるかもしれない。

「……面白いよね」

おじさんはガラガラ声でそう言った。

何なんだ、と問われたことに対する返答には相応しくない言葉だ。

やはり話が通じないのか。

「……何がっすか」

岸本君は試しに言葉を重ねてみることにした。

問い掛けを続ければもしや、という思いがあった。

正直、警察を呼ぶのは面倒だ。自分の力で何とかなって、あとで笑い話にでもなってくれないか。

するとおじさんは、先ほど移した数冊の一番上にあった文庫本を掴んで、表紙を眼前に突き出した。

〈初めてのマイルス・デイビス〉

「面白いよねえ」

「はっ？　？」

理解が追いつかない。

その本も読んでいない。

やっぱり警察か。

と考える数秒の間に、おじさんの姿はパッと消え、部屋内の何棟かの本ビルがどさどさと崩れた。

散乱した本のせいで自分の居場所も怪しくなった岸本君は、崩れた本ビルを再建築しながら「これは笑い話なのだろうか」と悩んだそうである。

度胸部屋

医師の長野さんが学生時に暮らした寮には、「度胸部屋」と呼ばれる部屋があった。

風変わりな名はこの一室が「出る部屋」と噂されていたことに起因する。

何事があるのか、寮の管理者はどれだけ入寮希望者が増えても、度胸部屋にだけは決して人を住まわせなかった。

とはいえ、施錠はしておらず、容易に室内へと足を踏み入れることはできる。

それ故に、度胸試し——新入生歓迎行事や、体育会系ならではのノリと勢いのイベント——に使われることが多々あった。

あの日までは。


築四十年を超える鉄筋コンクリート造りの灰色の箱の、一階にその部屋はあった。

黄色く疲れた畳が敷かれた六畳一間に、シングルベッドと事務机。

他の部屋と何ら変わらぬ造りで、日中に部屋を覗く分には何の違和感もない。

けれども。

ある先輩曰く――この部屋には座敷童が出る。
心の綺麗な人には何の悪さもしないが、心の汚れた人に対しては酷く呪うのだ、と。
またある人曰く――外から覗く分には問題ないが、一歩足を踏み入れたが最後、気が狂ってしまうのだ、と（こう言って、新入生を部屋に放り込むのである）。

この噂を笑い飛ばした先輩がいた。

剣道部で腕を鳴らした、豪気な人であった。

「何が度胸部屋か。根も葉もない噂ばかりではないか。俺がその度胸部屋とやらで、一晩飲み明かしてやるよ」

酒に酔って帰宅してそう騒ぐ先輩を、みんなで宥《なだ》めて引き留めた。

「お前ら、怖いなら別に付き合わなくていいんだぞ。朝飯の時間に起こしに来てくれ」

先輩は笑いながらそう言うと、日本酒の瓶と缶チューハイを何本か持ってドアの向こうに消えてしまった。


翌朝、六時。

食堂から味噌汁の香りが漂ってきた頃。

「先輩、朝ですよ。迎えに来ました」
後輩達は廊下で列をなしながら度胸部屋に声を掛けた。
しかし、返事がない。
何度ドアをノックしても、反応がない。
ドアに耳を当ててみると、しんと静まり返って物音一つしない。
ノブを回してみると、なぜか施錠されている。
おいおい。どうなってる。
鍵を掛けるとは先輩らしくない。
まさか……何か起きてる訳ではないだろうな。
おいこれ、まずいんじゃないか。
「管理室からマスターキー借りてきます……」
と誰かが駆けていった。

ドアを解錠し、室内になだれ込んだ彼らが見たものは、部屋の真ん中でぽつんと体育座りをした先輩の姿であった。
窓から射し込む朝陽に照らされているのに、妙に翳《かげ》が差して見えた。

酔っているのか、眠っているのか、肩を叩いても揺すっても反応がない。ビビッて失神したんじゃないか、と言った誰かの頭が、パシンと叩かれる音がした。ともあれ、これではどうしようもない。皆、立ち尽くすばかりである。

重たくなった空気を裂くように、突然先輩が立ち上がった。薄《うっす》らと開いた唇から、ぶつぶつと何か言葉が漏れている。

その顔はこちらを向いているようで、その実、何者をも見ていないようであった。目が、合わないのだ。

「どうしたんですか、何があったんですか」

という後輩の声を無視した先輩は、そのまま廊下に作られた共用洗面所へと足を運んだ。ステンレス製の流しの上に、寮生の洗面器やら歯ブラシが並んでいる。

先輩はその洗面器の一つに無作為に手を突っ込むと、T字カミソリを取り出して自分の手首に走らせ始めた。さり、さり、さり、と小気味よい音とともに小刻みに皮膚が削がれていく。ぼたぼたぼた、と血の滴りがシンクを鳴らす。取り囲む後輩の輪を、ざわめきが伝っていく。先輩は、焦点の定まらぬ目で、未だ何事かを呟いている。

——未だ、何事か呟いている。

怪談随筆「新・津軽」一、弘前市

旧五所川原町出身の作家・太宰治が遺した名著の一つに「津軽」がある。

執筆当時の太宰は東京都三鷹に住んでいて、同小説の内容は「太宰が津軽を旅し、そこで得た体験から自身のアイデンティティーの在り方を捉え直す」というものだ。「津軽」には人と風景を通して、生き生きとした普遍的な津軽の魅力が余すことなく記されている。

青森市、東津軽郡、弘前市、黒石市、平川市、中津軽郡、南津軽郡、五所川原市、つがる市、西津軽郡、北津軽郡から成る津軽地方には、嬉しいかな悲しいかな、太宰が七十五年前に見たであろう様相が未だある。

山があり、海があり、海の人も山の人も生活している。

流石に開発が進んで現代的になっているだろうと思わせておいて、そうでもない訳だ。小さな無人駅や茅葺き屋根の家、冬のどっしりと積もった雪の塊を目にすれば、二十一世紀を鼻で笑いたくなるような生活がそこにあることを、誰もがすぐ想像できるだろう。

東雅夫氏が編んだ「太宰治集哀蚊　文豪怪談傑作選」（ちくま文庫）を読むと、太宰が、我々（きっと本書を手にした皆様もそうだと期待する）と同じく怪談を愛した男であったことが分かる。

特にここ津軽で生まれた私や同郷の怪談作家黒木あるじ氏、葛西俊和氏にとってみれば、なぜ太宰が怪談を愛したかを容易に理解できる。

ここには、いかにも物の怪が出そうな生活があるのだ。

私は弘前市の弘前大学医学部附属病院にほど近い町で生まれた。

奇しくも黒木氏は二つ隣町、徒歩十分の距離で生まれており、私達二人は同じ小中学校に通っている。

年が二つしか離れていないこともあり、私には薄らと先輩・黒木とボール遊びをした記憶があるのだが、黒木氏にその記憶は全くないそうだ。

余談になるが黒木氏の母は教諭をしており、私は教え子である。

プライベートなこと故、詳しくは記さないが、私の生家は昭和史に残る殺人事件が起きた現場の跡地だ。

かつては事件を追った書籍やドキュメンタリー番組なども制作され、私が生まれる前は、しばしば家に取材班が来ることもあったとは、我が両親曰く。

そんな私の生家は家鳴りし、足音が聞こえる家だった。

だった、と表現しているのは、今は家鳴りも足音もしないからだ。

怪音の殆どは一階のダイニングキッチンで鳴り、決まって夜、家人が床に就いてから聞こえた。

音を聞いた自分はもう二十年ほど前の自分であるため、どのくらい大きな音だったかは朧気だが、翌朝に「昨日、煩《うるさ》かったね」と家族で話し合う程度には目立った音だった。

尤も話し合ったからと言って、何か解決策を練っている訳でもなく「出た、出た」と笑い合うだけで仕舞いにしてしまうところが、津軽ならではの大らかさだったのかもしれない。

幼少時の記憶を辿るともう一つこんなエピソードが浮かび上がる。

あくまで「記憶」なので事実あったことかどうかの自信はないが、記す。

恐らくは小学校低学年の頃、私は二階の姉の部屋にある、小さなテレビで心霊特集番組を見ていた。

当時は頻繁に心霊・オカルトを特集する番組が放送されており、私が見ていたものはタレントの高田純次さんが司会を務める二時間スペシャルだった。

心霊写真を紹介したり再現ドラマが挿入されたりする内容だった。

放送中スタジオの照明が揺れ、キャストがどよめいた場面でそれは起こった。

私が見ているテレビが急に砂の嵐に変わったのだ。

子供ながらにアンテナの異常であろうと察したのだが、放送が放送だっただけに、気持ちがざわついた。

テレビの続きが気になったので、姉の部屋から廊下を隔てた居間に移った。


ここで僅かに話を止める。

やはり私の記憶は怪しい。

恐らくこの番組は二時間スペシャルが放送される定番の時間帯、午後七〜九時に映されている。

しかし、この時分で家の中でまだ十歳に満たなかったであろう私一人というシチュエーションが果たしてあるだろうか、と訝《いぶか》しむのだ。

私には五歳離れた兄（現在は故人）もいたのだが、誰かしら家にいてもおかしくない時間帯だ。

私を除いた家族全員でどこかに行っていたとでも言うのだろうか。

話は曖昧な記憶に戻る。

居間の大きなテレビを点け、チャンネルを合わせようとリモコンを繰るが、なぜか高田純次さんの姿が見えず、それらしき番組が放映されていない。

中途半端な時間に番組が終わることはないだろうと懸命にザッピングするが、やはりその放送は見つからない。

もう一度姉のテレビを点け確認すると、砂の嵐になっているのが民放二局だけで、NHKはちゃんと映像が映るということが分かった。

姉のテレビの確認を済ませ、一体どうなっているのだろうと思った瞬間、

どんどんどんどん、

と階段を駆け上がる音が聞こえた。

私は身を強張らせながらも廊下に出て、暗い階段を何が駆け上がってきたのか様子を窺ったが、何も見つけられず、その後はこれといったことも起きなかった。

暫くして母が帰ってきた。

これ以上の記憶はない。

私は兄・公太の影響で心霊・オカルトに興味を持った。

兄の死後にデビューしたので、感謝の意を込めて筆名を「公太」としている。

「高田」の部分は本名に因ませて、なおかつシンメトリーな字面にしようとした結果なのだが、今こうして筆を進ませる最中《さなか》に考えると、件の「高田順次」の名が原体験の中に刻まれてあったことに思い至り、ぞっとしない。

兄はどこか神懸かったところがある人であった。

高熱を出すとよく幻覚を見ていたようで、呆けた様子で食卓に座りつつ、郵便入れに指を差し、「ピエロが覗いてる」と宣《のたま》ったり、誰もいない階段を見て「あああ」と怖気《おぞけ》に震えたりする姿を私に見せた。

強面の兄のそんな様子を見たこちらもまた、死ぬほど恐ろしかったものである。

私が京都に住んでいた頃の一時期、兄は弘前市随一の繁華街・鍛冶町のとあるスナックでボーイをしていた。

母が言うには夕方に出勤した兄がすぐ家に帰ってきて、

「一人でスナックの開店準備をしていたら、戸口に見知らぬ女が立ち、両腕を振り上げて踊るような仕草をした後にパッと消えた。ついにお化けを見てしまった」

と母に報告したことがあったそうだ。

鍛冶町はまだ中央に本社を置く企業の営業所が県内にあった時代には、出張にきた者達に知らない人はいない程、有名な場所だった。

十年以上前までは雑居ビルに掲げられた看板のひしめき具合からその名残は感じられたが、その時点であくまで看板だけが残っていて実態はない店が殆どで、今となっては看板も余りない。雑居ビルも幾つかは解体された。

スナック、バー、居酒屋などがあるお陰で、怪談が話題になる局面が多いからだろうか、鍛冶町に纏わる怪談は多い。

兄同様、私も鍛冶町でスナックのボーイ経験があるので、とてもよく怪談を耳にし、これらは頻繁に著作で発表している。

鍛冶町には〈昔、あそこのビルにあったスナックのオーナーは首を吊った。だからあのビルは出る〉という程度の余り具体的なエピソードを伴わないものもあれば、私が鍛冶町時代に何度か挨拶をしたことがある、後に急死したメンパブの店員が〈怪異〉として登場する話もある。
故に、今も生まれ続ける鍛冶町怪談が持つ同時代性の強さは私を惹き付けて止まない。

石碑

平川市にある羽田さんの実家の敷地内には、一基の石碑が立っている。

人の背丈ほどの大きさがある、御影石でできた立派なものだ。

表には家紋も彫られているのだが、墓石ではないのだそうだ。

刻まれた碑文には、「供養塔」の文字。

この石碑にはこんな由来がある。


かれこれ三十年近くも前のこと。

買い物から帰宅中だった羽田さんのお母さんの目に、一風変わった人の姿が映った。

青々とした稲穂茂る田んぼを貫く一本道を、スキップしながら進んでいるのだ。

強い西日が逆光になりじっくり見ることがかなわないのだが、その後ろ姿は墨で塗り潰したかのように真っ黒であった。

着ているものはおろか、性別も見当が付かない。

小さな街故、この辺りを歩く人は皆顔見知りのはずである。声でも掛ければ良いのだろうが、どうにも気味が悪い。いや、そもそも人であるという確信も持てない。

それはお母さんの僅か数メートル先をひょこひょこと跳ねながら進み、丁字路の突き当たりにぶつかると、まっすぐ生け垣に飛び込んで、そのまま姿を消した。


「その生け垣の向こうに、羽田家代々の墓所があったのです——」

羽田さんは回想する。

——ちょうどその頃、付近ではバイパスの建設工事が進んでいて、その予定線上にお墓があったものですから、過去十数代に亘ってそこで眠っていた先祖達が掘り起こされるのは必定でした。私があの真っ黒な姿を見たことを親族会議で話すと、何とかしてほしいがためにそんな姿で現れたのだろう、と皆は頷《うなず》きました。結局、慶長年間から建ち並んでいた墓石は軒並み移設されてしまったんですが、元々の墓所の片隅にある蔵の脇に建てられた石碑は今も残っているんです。

40

アベック

私の兄が小学生の頃の話。

兄と同級生達は、学校が終わるといつも家の近くにある神社の境内で遊んでいた。

神社は界隈の子供達が集う定番の遊び場だった。

野球をし、かけっこをし、もう夕暮れも近くなった頃。

一組のカップルが拝殿の右手をすり抜け裏手に回ろうとしているのが目に入った。

「おい！　あのアベック驚かすべ！　裏さ行ってキスすんでねな《するんじゃないか》」

悪戯好きの子供達はキスしているアベックを囃《はや》し立て、冷やかそうと考えた。

神社の裏手は堰《せき》に流れ込む川で、拝殿を左右から挟み込んだらアベックに逃げ道はない。

「おめだち《お前達》は左行げ！　おらは右行く！」

「おっしゃあ！　いぐどぉ！」

「うえええええいいいいい！」

奇声を発しながら兄達は挟み撃ちを仕掛けた。

が、悪ガキ達はただ鉢合わせするばかり。

「アベックどこさ行った？」

「いねぇ」

「消えだ？」

「あれぇ？」

「あれぇ？」

と首を捻るもアベックの行き先は分からず、その日の遊びはお開きとなった。

降臨

とあるビストロでの出来事である。
「何なんだよ……これ……」
開店前のがらんとした店内に、桑田さんの声が響いた。
何脚も並んだテーブルに挟まれた通路のど真ん中に、天使が鎮座している。
電話帳ほどの背丈に、丸みを帯びたあどけない笑顔。
大きく広げた二枚の翼は、射し込む陽光に照らされて神々しくさえ見えた。
天使の石膏像。
オーナーの趣味で何体も店内に置かれていた、その一つが今眼前にあるのだ。
けれども、それらは全て飾り棚の上にあったはずだ。
こんな所にあるのはおかしい。
昨夜はバイトを含めた店員全員で清掃をして、それから自分が施錠した。
今日初めて店内に足を踏み入れたのもこの自分である。誰も像には触れていない。
そしてもし、地震か何かで落ちたのであれば、今頃粉々になっているだろう。

ともあれ、ランチの仕込みが待っている。いつまでもこうしてはいられない。

幸運を招く天使像だとオーナーは言っていたが、今の自分の気持ちは幸せとは言えないものだ。

気持ち悪《わり》ぃ。

桑田さんは震える手で像を抱き上げると、そっとそれを飾り棚に戻した。

防犯カメラ

大手機器メーカーでセールスマンとして働く加藤さんは、津軽地方のとある保育園に防犯カメラを販売した。

そして納入から一週間程経った頃、園長から電話があった。

『録画した内容をパソコンで確認したいから教えてくれませんか？』

『はい、分かりました。午後にでも伺います』

設置後にしっかりと使い方を教えたつもりだったが、六十を過ぎた女性の園長には、難しかったようだ。

思い返せば、コピー機を納入したときも園長に何度も呼び出されている。

加藤さんはその日の午後一番で保育園を訪問した。

園内は昼寝の時間だったため、とても静かだった。

「あらあ、いつもゴメンナサイね。もう機械音痴と言うか、歳だからねえ」

「いえいえ、いつでも御連絡いただければ伺いますんで。ところで、今日は録画内容の確認ですよね？」

「そうなのよ！　確認したいのよ！　確認しないと気が済まないことがあって！」

園長は、お茶を出しながら事情を説明し始めた。

保育園は夜七時まで開園しており、閉園時には遅番の先生達が各所の施錠。最後に園庭の鉄製の正門を閉めて帰ることになっている。

しかし、この正門を閉め忘れる先生達がいるようだった。

何度も先生達に注意したが、正門が朝になると開いていること度々。

そういう経緯があって、カメラを設置したという。

「泥棒も怖いけど、鍵の掛け忘れも怖いわよねえ。こんなときのためのカメラよ」

今朝も正門が開いていたため、録画を確認したいという話だった。

「分かりました。では先生方が帰るところから確認してみましょうか？」

「そうね、お願い！　もう、誰かしら……！」

加藤さんは、園長に分かりやすいようにパソコンソフトの使い方から説明を行い、実際に操作をしてもらいながら録画を確認することにした。

ソフトを立ち上げると、ディスプレイには園内各所に設置したカメラ数台の映像が分割で表示される。

園長がそこから正門のカメラを選択すると、ディスプレイに正門の様子が大きく映し出された。

園庭から正門を収めるアングルなので、外から来た人が確認できる。

加藤さんは録画時間を先生達が退園する時刻まで早送りした。

遅番の先生三人が話しながら正門に向かい、一人の先生が正門を閉め、しっかりと閂《かんぬき》を掛けている様が映し出される。

続いて先生達は横の小さな通用門から出て、外から施錠。

映像を見る限り、先生達の行動に怠りはないようだった。

「あら、ちゃんと鍵掛けてるわねぇ」

園長は首を傾げながらディスプレイを見つめた。

「じゃあ先生、そのボタンをクリックしてもらえば画像が早送りできるんで、門が開くシーンまで早送りしてみましょう」

「そうねえ。結局は開いてたんだから、開く映像があるんだもんねえ……これは便利だわ！」

園長は眼鏡を掛け直し、慎重にマウスを繰った。

閉園後の何一つ変化のない映像が映り、時間を表す数列だけが早送りで進んでいく。

殆ど停止しているような変わり映えのない映像を眺めながら、二人で茶を啜《すす》ったとき、

「あ！　開いた！」

と園長が甲高い声を上げた。

慌てて加藤さんが注視したときには、既に大きく開いた正門が映し出されていた。

「このボタンで巻き戻しです。今度は、速度を遅くして……」

正門が開く直前に合わせる。

「では、ここから普通に再生してみましょう」

園長も加藤さんもディスプレイを食い入るように見つめた。

表示時間は深夜十二時を過ぎて間もない頃だった。

「あら……」

「おお……」

閂がスーッと抜かれ、片側の扉に綺麗に収まっていく。

人影は一つもない。

何かの拍子で動いているようには見えない。

透明人間が閂を抜いたと表現できるなら、それがぴったりだ。

驚く間もなく、鉄製の正門がゆっくりと開いていく。

「あら、どうしよう。疑ってしまった先生達に謝らないと。わいはー《もう、どう》、どすべ《しよう》」

園長はどうにも落ち着かない様子でそう言った。

加藤さん曰く「防犯カメラを扱う商売をしている身からすると、こういうのはよくある」とのことである。

怪談随筆「新・津軽」二、蟹田

私の母は東津軽郡の外ヶ浜町蟹田で生まれた。

漁業を営んでいた母方の祖母は、多くの漁師を雇い財を成していた。

現在も親戚が管理する蟹田の実家は、都会では信じられないほど広いのだが、これは祖母がその家で旅館も経営していたからである。

海と山に囲まれた蟹田の光景は、私が幼い頃に見た印象と余り変わらない。違いは大分道が良くなったということくらいか。

小学校時、毎年数回は家族で蟹田に訪れた。海が荒れると波飛沫が道路に及び、ある日はざぶんとボンネットに波が被さったものである。今思うと、それで車が攫《さら》われることもなかったのだから、ちょうどいい位置に車道を拵えたものだと感心。幾ら波が強かろうと大人達に怯えた様子がなかったので、そこで暮らすとはそういうものだったのだろう。

蟹田に因んだ母のエピソードは興味深いものが多い。

以前に記した怪談と重複するものもあるが、この随想に含めることで土地の空気が強まることを期待して、改めて記す。

母が小さい頃、集落にトメという女性がいた。

トメは山の中にある掘っ立て小屋で一人暮らしをしている中年女性で、基本的には物静かなのだが、何かスイッチが入ると急に素足で山を駆け巡ったり、荒れる海に向かって何事かを大声で話し掛けたりする。

母の友達が「まんだ《また》、トメが神懸かっちゃあや！」と号令を掛けると、少年少女達はトメがいる所へ向かい、遠巻きにその奇異な行いを観察した。

トメはかつて祖母の旅館の手伝いをしていたこともあり、何の前触れもなしに母の家を訪れ、意味の通らないことを一方的に祖母に語りかけることがままあった。

母からすると、山中を闇雲に走ったせいで足や脛が瘡蓋《かさぶた》だらけのトメが家に来るのは、恐怖でしかなかった。

そういう訳で、まだ小さな少女は、様子がおかしいトメと平然と向き合う母の様子を見て、「お母さんはなんて強いんだ」と感銘を受けること頻りだった。

だが、どうにも二人の話が噛み合わないまま時が過ぎると、母は「トメ。おめ、帰れ」と言い放ち、そう言われたトメは素直にすごすごとその場を去った。

母が言うには、このトメが晴天の最中に「雨が降る」と言い出すと、八割ほどの確率で実際に雨が降ったそうだ。

八割では神懸かりも心許ないが、幾らかは気があったのかもしれない。

私の母自身、怪異体験談がある。

母の祖父が老衰で余命幾ばくもなく、床に伏していた頃のことである。

その日は医者による余命の見立てを受け、布団に横たわる祖父を集まった親戚一同が囲んでいた。

祖父の呼吸は浅くなったかと思うとまた深くなり、眠ったかと思うとまた目を開け、今際《いまわ》の際を行き来していた。

そうこうするうちに、親戚達は久しぶりに一堂に会したことを祝い酒盛りを始め、同じ年頃の子供達は広い家を駆け、遊び始めた。

母はと言えば、酒の席から生まれた洗い物を台所で引っ切りなしに洗っていた。

洗い終えた皿は、横に。

コップは蛇口の上にある、水が切れるように穴が空いたアルミの棚に置く。

コップは棚の奥から置いていかないとすぐ置き場がなくなる。

落とさないよう慎重に。

奥から奥から。

しっかり家事を済まそうと集中しながらコップを洗っていくと、
どんっ
と音がした。

振り返ると、先ほど洗ったばかりのコップが、飲み口を上にして真後ろの床に立っている。

あれれ、ちゃんと置いたはずなんだけど。

母はコップを拾って所定の位置に戻した。

洗い物を終えた母が、コップの話を親戚の一人にすると、その親戚は「酒盛りをしている間に、爺様が目を覚まし『わらはんど《子供達》が煩いから、コップに悪戯してやった』と言っていた」ことを母に教えてくれた。

この一連はすぐにその場で吹聴され、祖父の豪胆な痛快さに、酒宴は更に盛り上がったという。

水④

修二さんは数年前、津軽地方某市のカラオケ店でアルバイトをしていた。

雪がちらつき始めた、ある日の夜のことである。

「……あ、いらっしゃいませ」

いつの間にか、数人の男性客が目の前に立っていた。

毛糸の帽子を被った者、ダウンジャケットを着込んだ者、ロングコートを羽織った者……。その風貌からして、学生グループと思われた。

今の今まで客室に電話を掛けていたがために、入店に気付かなかったらしい。

修二さんが担当しているカウンター業務は店の顔であり、忙しい。

来店した人数を確認し、料金プランを訊き、部屋を指定し、マイクと伝票を入れたカゴを持ってお客様を部屋まで先導する。その後、水を入れたグラスを持参して、ドリンクのオーダーを取る。

故に、カウンター業務は最低でも二名で対応することになっているのだが、どうしたものか先刻まで一緒に並んでいたはずの相棒がいない。

この忙しいときにどこへ行ったのだとも思ったが、こうなっては仕方がない。

修二さんは四人組の受付から部屋への案内までを一人で対応した。息つく間もなく「ねえ店員さん」「お兄ちゃんこっち」と右から左から声を掛けられ、ばたばたと慌ただしくカウンターに戻ってきた修二さんは、そこに置かれた一枚のドリンク伝票に気が付いた。

思わず大きな溜め息が漏れる。未だ姿の見えない相方の書き置きだ。きっと彼も今頃あれやこれやと言いつけられて忙殺されているのであろう。

ともあれ、伝票の始末をしなければ。

見ると先ほど学生グループを案内したあの部屋番号と、〈水④〉というオーダーが走り書きされていた。

夜はまだ長い。

気を引き締めた修二さんは、グラスを四つトレイに載せて、部屋へと向かった。

「お待たせしました。お冷四つです」

ドアを開けた修二さんに視線が集まる。

何げなく室内を見渡すと、マイクにはビニールカバーが掛かったまま、リモコンも充電器に載ったままである。

曲も入れずに何をしているのだろうと訝りつつも、テーブルにグラスを置いていく。

依然として一同の視線は修二さんに寄せられたままである。

部屋の雰囲気は、なぜかどんよりと重く感じられた。


それから一時間ほど経った頃、件の部屋から電話が掛かってきた。

「はい。カウンターです」

『あの……』

「はい、いかがなさいました？」

『あの……さっき、どうして……』

「はい？」

『さっき、どうして水を四つ持ってきたんですか？』

何を言っているのか、津島さんは理解に苦しんだ。

「え？　はい？　どういうことでしょう」

『だから何で水を四つ持ってきたんですか？』

クレーマーか、はたまた酔客の悪ふざけかとも思ったが、口調が余りに真剣である。

「水が……どうかしましたでしょうか？」

『いえ、だから、あの、何で四つ持ってきたのか訊きたいだけなんです』

なぜかと訊かれても、四人居れば四つ持っていくに決まっているだろう。

何と言っても伝票は〈水④〉だ。

「今からお伺いしますので、少々お待ち下さい」

これ以上は電話では埒が明かないと思った修二さんは、また溜め息を吐いてから、部屋へ向かった。

よく分からないが、持っていった水に何か異変があった可能性もある。

取り返しの付かないことになっていなければ良いのだが。

不安に駆られながら部屋に入ると、一時間前と同じように学生達は黙りこくっていた。

「どうして……水を四つ持ってきたんですか？」

暫し流れた沈黙を破って、一人が改めて訊ねた。

声色からして、カウンターに電話してきたのも彼だろう。

しかし電話の様子とは違い、声が震えている。

ハッとして彼の顔を見ると、今にも溢れそうな涙が目尻に溜まっているのが分かった。

何をどう説明して良いものか。

伝票に書いてあったからですよ、と流せる雰囲気でもない。

「本当は四人で来るはずだったんです——」

震えた声で、彼は話し始めた。

そして、彼らの瞼が真っ赤に腫れていることに、修二さんは気が付いた。

「大学に入ってから、何をするのも、どこへ行くのも四人でした。この店にもよく一緒に来ました。けれど……あいつ、病気になっちゃって。今日が四十九日で」

残された三人で、故人を偲《しの》ぶために思い出の店に来たのだ、と彼らは語った。

店員さんにはあいつが見えていたのかと思ったんです、とも。

修二さんは、彼らに掛ける言葉が見つからなかった。

当然、その目にも三人しか映っていない。

けれども。あのとき、〈水④〉と書かれた伝票を見たときには、それに何の違和感も覚えなかったのもまた事実なのだ。

まずこの三人を部屋に通した自分自身が、四人組であると認識して対応していたことに思い当たった。

忙しかったせいなのか。

あるいは。

修二さんは雰囲気に呑まれないよう努めて平静を装い、「そうでしたか」とだけ言うとすっと黙礼をしてそのまま部屋を出た。


後にようやく対面を果たした相方に〈水④〉の件を訊いてみたが、

「ずっと酔っ払いのゲロの始末をしていた。そんなものは書いていない」

とのことだった。

駆けよ少年、我は忘れまじ

弘前市に「禅林街」と呼ばれる地区がある。

津軽家の菩提寺を始め、曹洞宗の寺院が三十三ケ寺建ち並ぶ寺町だ。


その日、盆休みを利用して帰省した明日花さんは、家族と墓参りに行った。

禅林街は盆の十三日で早朝から大勢の墓参り客で大賑わいだった。

寺の周辺は大渋滞になるほど車で溢れ、歩道には墓参り客相手の露店も並んでいた。

ちょっとしたお祭りの様相になるのが、ここの風物詩だ。

午前十一時を過ぎた頃に墓参りを終えた。

三門を潜り、近くに駐めていた車に乗り込もうとしたとき、向かいの歩道に絣《かすり》の着物を着た坊主頭の少年が立っているのが目に入った。

まるでテレビドラマに出てくる、昭和初期の子供のような出で立ちだ。

少年と目が合うと、まるでそれを合図にしたかのように、彼は走り出した。

どこか微笑ましく思いながら駆ける少年の姿を目で追うと、斜め向かいにある寺の三門から、別の少年二人が出てくる。

二人は白いワイシャツに黒のズボン、学生帽を被っていた。

少年達は互いを見つけると笑顔ではしゃぎ、一緒に歩道を走り回る。

昭和時代の仮装でもしているのだろうか。

しかし、何のために。

明日香さんは戯れる少年達の様子を窺い続けた。

あ。

この子達。

違うわ。

走る少年達。

人混み。

やっぱ、違う。

少年達は他の通行人の身体をすり抜けて、無邪気に走り回っている。

すり抜けてしまうものだから、どれだけ勝手気ままに走っても、誰かに当たることはない。

すり抜けられた数多の通行人も、子供の様子を意に介さず歩みを進めている。

恐らく彼らには子供達が見えていないのだ。

かけっこを続けた少年達はさんざん人をすり抜けた挙げ句、どこかに行ってしまった。

「お父さん、私、変なもの見ちゃった……」

「え？　変な物？」

明日花さんは父にその場で子供達のことを話した。

「もしかして、あれだべが《あれかな》？　ちょっと、ついて来い」

父は他の家族を待たせ、明日花さんを数軒離れた寺の前に連れていった。

そこにあったのは小さな古びた御堂だった。

「おめ《お前》見たの、こった格好してらが《こんな服装してたか》？」

促されて明日香さんは赤い小さな御堂を覗いた。

御堂の内側には着物やシャツ、学生服、学生帽、靴などが幾つも掛けられている。

それらは先ほど見た少年達が身に着けていた服と同じだった。

「こ、これ何？　何なの？　これ！　これを着てたの！　何で？　何？」

明日花さんは囃《はや》し立てるように父に説明を求めた。

「これはな……昔、氷屋の冷蔵庫で遊んでら《た》中学生が閉じ込められてまって、そのまま亡くなったはんで《ので》、ここで供養してるんだねさ……昔、おら《自分》のけやぐ《友達》も見たことあるってらばって《あったって言うけど》、まさが、おめも見るとはなあ……どら《どれ》、手っこでも合わせるが？」

親子は合掌した。

手を合わせながら、改めて御堂の中を見回す。

中央に立つ観音様の台座に、子供達が苦悶の表情で手を伸ばし助けを求める姿が生々しく彫られていた。

この御堂は昭和二十四年に実際に起きた事故に因《ちな》んでいる。

現在は道路拡張のため撤去されたままだ。

青森乃小怪　七篇

レイアウト

部屋の壁に画鋲で留めた月捲りカレンダーを掛けていた。

しかし、画鋲が取れてしまい、カレンダーが床に落ちていることがままあった。

まだ小さな一人息子が画鋲を踏んだら大変と、父が釘を壁に打った。

これで良かろうと、釘にカレンダーを掛け、一晩経った後。

「あれ。これ誰がやった？」

どういう訳か釘が壁の天井近くに打ち直され、カレンダーの位置が随分高くなっていた。

ノブ

「開けてー」

いつもの中年女性の声だ。

勝手口のすぐ外から聞こえる。

「開けてけろー」

窓を開けて確認しても外にはいない。

「開けてけろじゃあ」

ガチャガチャと鍵が掛かったドアノブが回される。

勿論、開けない。

黒石市に住む高山さんの実家の、その隣のアパートでホステスの自殺があった後、数日間、夕飯時に起きていたことである。

チョーク！

ある神社の境内を歩いていると、突然喉を思い切り絞められたような苦しさを感じた。

このまま死ぬかも、と思うほど苦しかった。

周りには敷地横の空き地で遊ぶ子供しかいない。

どうしたらいいか考える余裕もなくただ蹲《うずくま》って悶えていると、子供達が集まってきて、

「あっちゃ行け、あっちゃ行け」

と口々に言いながら、手足を振り回し始めた。
すると、スーッと苦しさがなくなった。
すっかり白んでいた視界が色を取り戻すと、子供達の姿はなかった。

帰宅

「ただいま」
と家に入った。
そのまま台所へ向かい、冷蔵庫から麦茶が入ったボトルを取り出した。
ダイニングテーブルにどんとボトルを置いたときに「あれ？」と思った。
何で、俺は今、実家にいるんだっけ。
スマホのメール着信音が鳴った。
ハッと気が付くと、電車の座席で身体を斜めにしていた。
メールは母からで「今、お父さんが家であんたを見たって騒いでる」と書かれていた。

山越えルート

ガードレールがところどころ凹んだ山間の道路を、一人でドライブしていた。

地元でも「慣れていないとちょっと怖い道」と言われるのだが、何が怖いかと言えば単純に道幅が狭いのである。夜は車通りも少なく、うまくすれば一度も停止することなく山を越えることができる。怖さよりも静けさが強まり、運転の楽しみを味わうにはもってこいの道だった。

その晩も、そんな調子で音楽を掛けながら車を走らせていた。

もう少しで下り道に差し掛かろうかという頃、前方にぬっとガードレールを跨ぐ一人の老人を確認した。

（おいおい。何者だ。ひやっとさせるなあ）

老人は跨ぎ終えるとまるでタクシーを停めるかのように、さっと片腕を上げた。

老人の顔の下半分には大量の木の枝が刺さっていた。

その様子を見て、〈大怪我だ、車を停めよう〉と思考するのを、老人の上半分の顔が止めた。

眼窩《がんか》は黒く、鼻があるべき部分には二つの穴が空いているだけだった。

近い

道路を挟んだ向こうの歩道で、女子高生が「近い近い」と嫌がりながら、殆どくっついているほど近い距離に立つ男性を手で押していた。

友達同士の戯れか、それとも嫌がらせに遭っているのか確かめるためにじっと見ていると、こちらの視線に気付いた女子高生が黙礼した。

そのときには男の姿はもう消えていた。

走り去ったにしては、余りに早くその場からいなくなっていた、とのこと。

女子高生も礼の後は何事もなかったように歩を進めたという。

工事中

歩道通行止めの表示があり、ガードマンの指示に従って道路上の仮歩道を歩んだ。

何の工事かと、掘削された歩道を横目に通ると、一人の若い作業員が何事か考えながら一点を見つめていた。

何を見ているのだろうかと視線を辿ると、開いたマンホールから女性が顔を覗かせている。

作業員だろうかとも思ったが、作業員を上目遣いで睨め付ける女性の表情からして、違うだろうと思った。

賽の河原

仁美さんはママ友の美幸さんとよくドライブをする。

その日も子供が学校にいる間の、半日を使ってのドライブだった。

「今日はどごさ行く？」

「海？　山？」

「ねえ賽の河原て、行ったことある？」

「ない！　そこ行ってみよう！」

こんな会話を交わしながら二人のドライブは始まった。

六月に入って間もなくのことだった。


梅雨の影響が少ない津軽は、その日も雲一つない快晴だった。

向かったのは津軽の代表的な霊場の一つ、賽の河原。

この世に生まれてこられなかった水子や、幼くして亡くなった霊を供養するために沢山の地蔵が祀られている場所で、冥婚《人形婚》の場としても有名だ。

窓から入る風がとても心地よいドライブだった。

「ねえ賽の河原って、いろいろあるんでしょう?」

ハンドルを握る仁美さんに美幸さんが訊いた。

「いろいろ? えーと、人形とか……お地蔵さんとか……」

「ああ、そうじゃなく。ほら、これこれ」

仁美さんが横を見ると、美幸さんは両手の甲を突き出しながら手首を下に曲げ、顔の前に突き出している。

「ああ、そっちの話? 稲川さんの世界ね……何か感じる人は感じるらしいよ。霊場だからねえ……大丈夫だって、神様いるんだから。逆にいいことあるかもよ。パワースポット的な」

「そうだね。いいことあればいいなあ」

途中コンビニや道の駅に寄ったりしながら、一時間半ほどで到着した。

木目がむき出しで、立派な屋根があしらわれた鳥居を目にすると、美幸さんは妙に気持ちが高ぶった。

「うわー着いたね! この鳥居、やばくない? 見たことないよ、こんな鳥居」

平日だったせいか、殆ど賽の河原を貸し切ったかのような人入りの少なさだった。

「静かだねえ」

美幸さんは辺りを見回した。

鳥のさえずりと、時折前の道を走る車の音が聞こえるのみ。

ゆったりと流れる時間に、心が落ち着いた。

「あの中にお地蔵様が沢山あるのかな？　ネットで見たことあるかも」

地蔵堂を見て仁美さんが言った。

二人はスマホで周囲を撮影しながら散策を楽しんだ。

「ねえ、この下にお地蔵さん沢山いるよ」

美幸さんが下り坂になっている道を見つけた。

「あー。風車もあるねー」

斜面の所々に建てられた御堂には、様々な色の布を纏った地蔵が何体も祀られている。

その周りには赤い風車があり、所々、風もないのに時折回り出す。

楽しい風景ではない。

しかし、ここから目を逸らしてはいけない気がする。

撮影する手が自然と止まった。

コホン。

仁美さんが咳をした。

すると、釣られたように美幸さんも咳が出た。

コホコホ。

コホコホコホッ。

コホコホコホコホコホッ。

そして、二人とも咳が止まらなくなった。

肺が痛くなるような苦しい咳でなく、空咳のようなものだが、これが止まらないとなるとどうにも不安だ。

苦しいせいか、二人とも目からボロボロと涙が溢れている。

「コホコホコホ。戻ろう」

「だね……コホッ……なんだろ……アレルギーかな……コホッコホッ」

辛くはないとはいえ、症状が出たまま駐車場に戻る。

「ちょ……コホッコホッ」

「ええ？　……コホンコホン」

車のガラスには、小さな手形がびっしりと付いていた。

怪談随筆「新・津軽」　三、青森市

青森市、弘前市間の移動には、電車であろうと車であろうと約四十分掛かる。

私は車どころか免許がない。

自然、移動手段は公共交通機関か知人の車に乗せてもらうしかなく、なかなか弘前市から出ることがないのだが、青森市には交流が深い親戚、仲の良いミュージシャンやライターが住んでいるため、他の市と比べて足を伸ばすことが多い。

青森市は青森駅周辺が栄えている。

駅に降り立ったときに広がる景色は津軽地方の中で最も都会的であると言えよう。

少し散策するとシャッター商店が存外多いことに気付くが、それでも小さくも洒落た店が目を惹き、楽しい。

青森駅は海に面していて、潮の香りが漂う。夏ともなると、むせ返るほどだ。

とにかく海の印象を強く残すが、これはあくまで来訪者である私が駅周辺ばかりをたむろしているからであろう。

駅から海に面した道を通り東へ行くと、合浦公園に当たる。春は桜並木、夏は海水浴を楽しめる海浜公園で、もし青森市に立ち寄ったなら是非寄って頂きたい。

十年も前のことであろうか、友人が青森駅周辺のクラブスペースで音楽イベントをすると言うので、夕方から電車で出向いて一晩楽しんだ。クラブイベントは、人との交流を楽しめるのが魅力だ。

受付に知人がいたので、フロアと受付を行ったり来たりしているうちに、輪が広がっていき、その日初めて会った若い男性からこんな話を聞くことができた。

ある夏の夜、仲間数人と市内で有名な身投げの名所へ肝試しに行った。

海沿いにある木製の柵を辿り、

「確かここだったはず」

と足を止めた。

スマホのライトを頼りに雰囲気を味わっていると、どこか遠くない場所から女性の喚き声が聞こえた。

「こっちこっち、こっちだよー」

「こっちぃ。こっちぃ。こっちだよー」

興奮気味の声色で女はそう騒いでいた。

その日の散策メンバーは男だけだ。

全く知らない女が近くで「こっちこっち」と騒いでいる。

スマホの明かりを声のほうに向けると、自分達から三メートルほど離れた柵の近くで、満面の笑みを浮かべた女が激しく両腕を上下させながら、こっちこっち、と叫んでいる。

両腕を振り回して自分達を招いている。

動作の勢いから、思わず飛び跳ねてさえいる。

相当興奮しているようだ。

一同は女を確認したものの、そんな様子では相手をしていられない。

とはいえ、無視している間に近付いてこられても困る。

光で延々照らす訳にもいかず、おっかなびっくり光の位置を動かしていると、ある瞬間に女の姿は消え、同時に声も聞こえなくなった。


青森市にはＲＡＢ青森放送の本社がある。

ラジオのゲストでそこに呼ばれ、番組内で怪談を披露したことが何度かある。

一度、生放送に呼ばれたときの話を一つ。

当初、私は生業とする新聞記者の特性上、常に身体を自由にしておかねばならなかったため、生放送には余り乗り気ではなかった。

紙面制作に何か問題があったときに記者の代打が効かないケースもある。記者と取材対象との間に特別な関係や約束事がある場合が往々にしてあるからだ。

そういう訳でラジオ出演時もなるべくは収録で行うようにし、生放送の出演は控えるようにしていた。

しかし、ディレクター陣としては生放送の価値はまた格別なようで、局から何度も生の誘いがあった。

次第に私もやる気が出てきたので、「試しにやってみよう」と仕事の段取りを入念に済ませて生放送に臨んだ。

ブースに入り、局のアナウンサーと音声チェックをしながら雑談をしていると、足元にすぅと冷たい風が吹いた。

ブースの厚い防音扉は閉じられ、雑音を拾うのを避けるため、空調は消えている。

風の入り口も動力源もない環境であるのにも拘わらず、ハーフパンツから覗く少し汗ばんだ私の二の足がそよぐ風に冷えたのだ。

アナウンサーに、

「風感じますか？」

と問い掛けると、彼女は、

「いいえ。全く」

と言った。

彼女はズボンを穿いていた。このくらいの微風なら感じないのも当たり前だ。私自身もその返答から、きっと気のせいだろうと気に留めないことにした。

そして私は、

「いやあ、こういうのやると集まりますからねえ」

などと言い、場の緊張感を高めた。

そこからつつがなく放送が始まった。

一時間の放送の中、一度ＣＭを挟む。

ヘッドホンを通じてディレクターから『ＣＭです！』と合図があると、間髪入れず、

「変な声、入りましたよ」

と報告があった。

放送終了後に詳しく聞くと、「明らかに違う声が入った」とのこと。声が入った瞬間、ベテランが集まるブースの外がどよめいたと言うのだから、頼もしい。

後に確認すると確かに「きゃっ」と言うべきか「ふっ」と言うべきか、何やら甲高い異音が放送に乗っていたが、はっきりと〈女の声〉とするには判断が迷うものであった。

青森市は駅周辺を歩き抜けると住宅街と郊外の景色ばかりが広がるが、そんな中にも名店が点在するので、好きな街である。

鉄爺の「隔離病棟」

十年前、私は介護職員をしていた。

昼夜勤があり、夜勤は定時巡回が主な仕事で、昼と比べると割合楽な仕事だった。

サービス提供責任者という肩書きを持ち従事していたので、夜勤の空いた時間をシフトや担当者の割り振りに使っていた。

その日は施設長も残業していて、私の夜勤と被る形で事務室にいた。

施設長のマスミさんは四十歳ほどの女性で、看護師としての勤務経験も長かった。看護部門と介護部門の両方を統括できる、かなりの実力者——と皆から一目置かれていた。

施設内に問題のない、落ち着いた夜だった。

二人で雑談をし、のんびりと過ごした。

「マスミさん、前はどこでは働いてたの？」

「ああ。あたしは○○総合病院がキャリアのスタート」

「ああ。あそこか。自分もあそこ入院したことあるよ。小学三年生の頃なんだけどね。猩紅熱《しょうこう》で」

その入院体験は自分にとって、とても思い出深いものだった。

忘れもしない隔離病棟での入院最終日。

退院前の薬湯入浴で、入院生活で唯一の遊び相手だった同い年の女の子と一緒にお風呂に入ったのだ。

病院側は退院日を同じくする小学三年生程度なら一緒にしても問題ないし効率も良い、と判断したようだ。本人達は幾ら低学年といえど恥ずかしくてたまらなかったのだが。

その子と遊んだときのことは今もよく覚えている。

院内で凝った遊びができる訳もなく、病棟の一番奥の階段でじゃんけんをして遊んだのだ。

ぱいなつぷる。

ちよこれいと。

ぐりこ。

二階へ続く階段を、私達はじゃんけんをしながら上がった。

階段の始まりに立ち入り禁止のロープが設置されていたのだが、そんなものは無視だ。

ぱいなつぷる。

ちよこれいと。

あんた達、下りなさい。

しかしどういう訳か、階段の踊り場までくると決まって看護師さんに見つかり連れ戻される。

上には行っちゃ駄目だって。

毎回同じ注意をされるのだが、気にせずいつもそこで遊んでいた。

というのも、二階の病棟にも沢山の大人がいることを知っていたからだ。

毎夜二階から、忙しそうな音が聞こえていた。

それは、
キュッ！　キュッ！

という音を立てながら、忙しなく走り回る看護師さん達の足音や、
ガチャガチャ、
と、医療器具が置かれたワゴンを押すような音だった。

そんな音を真夜中、私は心細くベッドに横たわりながら病室の天井越しに聞いていたのだ。


「そんなはずないよ！」

私の思い出話を遮るように、マスミさんが声を上げた。

「あそこはかなり昔から隔離病棟なんだけど、一階しか使ってないのよ。二階が使われて

いたのは結核病棟だった頃まで。しかも、それって戦前とかの話だよ」

「はぁん？」

私は思いがけない指摘に意表を突かれた。

「結核患者専用の古井戸もあの病棟の裏にまだあるはず。私が看護師していたときはまだあったもの。トタン板を被せて隠してあるの」


後に医療関係者から、マスミさんの指摘を裏付ける話を聞いた。

事実、○○総合病院の二階は長らく利用されていなかったそうだ。

更に私の体験に似た談話も聞いた。

やはり利用されていないあの二階から、夜中に物音がするのだという。


この〈物音がする話〉は鶴乃大助が詳しい。

鶴乃大助の「隔離病棟」

以前私が勤務していた介護関係の企業が事務所として借りていたのが、鉄爺の言う「○○総合病院跡」であった。

企業は老朽化により使われなくなったその建物を十数年の間、介護部門の拠点として借りていた。

しかし事業縮小のため事務所を閉鎖することになり、開所の立ち上げメンバーだった私が閉鎖の責任者として最後の二年間、配属されていた訳だ。

昭和四十年前後に建てられた鉄筋コンクリート二階建てで、一昔前は伝染病棟として使われていた。

感染症患者が隔離させられる、いわゆる隔離病棟である。

三月三十一日の閉鎖を目前にしたある日、既に事務所内は段ボールの山で溢れ、引っ越し準備の真っ最中だった。

休憩時間にお茶を飲みながら、事務所の皆で思い出話をしていた。

「何か気持ち悪い建物だったけど、こうなると何かすげ寂《し》ねの」

ベテランの女性職員が雑然と積まれた荷物を見ながら呟く。

「おらだばさっぱどしたよ《私ならさっぱりしたよ》。すたって《だけど》、おっかねえことあったもん」

同じくベテランの女性主任、後藤さんが真顔で返す。

「何？　幽霊とか見たりしたの？」

私は怪談好きの虫がうずき出し、話を聞き出そうとした。

「うん。こったらだこと《こんなこと》言っても皆、信じてけねど思ってらはんで《信じてくれないと思っていたけど》、話してながったけど」

「興味ある。主任、聞かせてよ」

後藤さんは語っていいのか戸惑っていたが、興味津々の若い職員からもせがまれ、語り出した。

「幽霊ば見たんでないんだけどね」


遡ること数年前。

後藤さんは一人、寂し紛れにラジオを流しながら残業をしていた。

するとラジオの音とは別に、何やら音がする。

音は頭上、二階から聞こえてきていた。

ラジオのボリュームを絞って耳を澄ますと、金属がぶつかるような音だと分かった。

カチャーン。
カチャーン。

建物の古いボイラーが時折異音を放つが、この音はそれと全く違う。
後藤さんはキーボードを叩く手を止め、事務室のドアを開けて音を検《あらた》めた。
カチャーン。
やはり、音がする。
二階は別部署の事務所として使われている。
後藤さんは二階に誰かいるのかと思い、廊下の端にある階段まで足を伸ばした。
廊下を歩く間も例の金属音が鳴り続けていた。
階段は真っ暗で、二階も電気が点いている気配がない。
後藤さんは、恐る恐る二階に呼び掛けた。
「誰かいる？　誰かな？」
次の瞬間。
バタバタバタバタ！

何者かが駆ける足音がする。

「キャッ！」

思わず短い悲鳴を上げた。

後藤さんの悲鳴が聞こえたのか、足音がピタッと止んだ。

「誰！」

階段の電気を点けて叫んでみるが返答はない。

後藤さんは、急いで事務室に戻り自分の荷物をまとめると、電気を消して職員通用口に向かい、機械警備をセットした。

機械警備は屋内に誰かがいると、セットの際に〈異常あり〉の表示が出るようになっている。しかし機械警備は、屋内に誰もいないことを告げる〈異常なし〉の表示を示した。

「……ってことが、あったのよ」

後藤さんが話し終えると、長井さんが口を開いた。

「そったのだば《そういうのなら》、あたしの旦那もあるんだ……」

長井さんの夫・幸雄さんは私の役職の前任者だった。

今度は幸雄さんが残業をしていたときのことだ。

時間は夜の十時を過ぎていたという。

ヘッドホンで音楽を聴きながら、ひたすらパソコンの打ち込み作業をしていると、室内で何かが点滅していることに気が付き、合わせて音も聞こえてきた。

幸雄さんは何だろうと思い、パソコンから室内の様子へ目を移した。

点滅していたのは壁に設置されたナースコールの受信機だった。

ヘッドホンを外すと、鳴り響くコール音が一層大きく聞こえた。

受信機を凝視する。

この受信機はとうの昔から配線も電源も繋がっていないはずだ。

受信機から延びた線を目で追うと、天井に近い辺りで確かに断線している。

ならば鳴るはずがない。

幸雄さんは車のキーを掴むと、電気も消さずに事務室を飛び出した。

真っ暗な廊下を走る最中も鳴り響くコール音は続いていた。

「旦那、これは人に言うなっておらさ言ってたけど、今なら良いべ……」

「鶴乃さん、こったら《こういう》おっかない話好きだのが？」

「うん。好きだあ」

「へば《じゃあ》、鶴乃さんもここで何かあったりしたんだが？」

十人ほどの職員が一斉に私のほうを見た。

「……実はおらも」


忘れもしない、開所して間もない平成十二年四月半ばのことだ。

給与管理ソフトが替わり、基本となるデータの打ち込みで深夜まで残業していた。

私も他の体験をした職員と同じく、パソコンで音楽を流しながら作業をしていた。

ギャング映画のサントラ盤だったのを記憶している。

眠気覚ましのコーヒーを飲みながら作業を進めていると、二階から音が聞こえてきた。

ガチャーン。

キー。

ガチャーン。

キー。

音は先の後藤さんと同じく、金属がぶつかり合う音だった。

二階は当時、物置として使われていた。
誰もいないはずの物置で、深夜に何かが動いている訳だ。

ハハハハハ！　アハハ！

おまけに子供の笑い声までもが聞こえた。
やけに無邪気な笑い声だった。
私はそっとコーヒーカップを置いて、廊下に出た。
廊下からはより鮮明に一連の音が聞こえた。

ガチャーン、キーキー、ガチャーン、キーキー。
ハハ！　ハハハ！　ハハハ！

逃げ出したい！
しかし、仕事を片付けないと職員に給与を支給できない！

私は意を決して事務室に戻り、仕事を続けた。

音は鳴り止まず、気のせいか音量や聞こえる感覚がどんどんエスカレートしているように思えた。

ガチャキキアハハガチャンキーキーーハハハハハ！

こうなるともはや、喧《かまびす》しい。

「うるせえ！　黙れ！」

思わず二階を怒鳴りつけた。

すると音はピタリと止んだ。

結局、私は徹夜して泊まり込んだのだが、怒鳴った後は二度と聞こえることはなかった。

数日後の日中、二階に上がり音の原因を探してみた。

物置として使われているとはいえ、当然、間取りは病棟のそれそのものだ。

各部屋はブラインドが下ろされ、昼間でも暗かった。

フロア奥の一部屋を覗くと、ベッドやホーローの洗面器、木製のキャビネットなど時代を感じさせる沢山の物が、埃を被っていた。

部屋の奥には、三台のステンレス製のワゴンが無造作に置かれている。

恐らく当時の看護師さんが病室を回る際に使っていたのだろう。

ワゴンの上には脱脂綿を入れていたような容器や皿が転がっていた。

まさかと思いつつ、そのワゴンを押してみた。

キーキー。

タイヤが軋《きし》む音がする。

もう一度、押してワゴン同士をぶつけてみた。

キーキー。

ガチャーン。

嘘だろ。

力が抜け、ふらふらと一階に戻った。

深夜に子供が忍び込み、このワゴンに悪戯をして笑った。

そう思えれば楽だったが、どうにも無理だった。


この体験談は鉄爺の体験から約三十年後の全く同じ隔離病棟で起きた出来事だ。

今から数年前にネットラジオで隔離病棟の怪談を語っていた鉄爺を知り、後に私が隔離病棟の怪談を鉄爺に語ったのが、弘前乃怪に加入するきっかけとなった。

現在、この隔離病棟は取り壊されている。

顔並び

外ではしんしんと雪が降っていた。

その晩、両親とも遠縁の親戚の通夜に出ていた。夕飯代に貰った千円で買ったお菓子とジュースを並べ、涼子は自室で受験勉強をしていた。

涼子はその親戚と会ったことがなかったことと、センター試験が近かったことを理由に一連の葬儀に出席せずに済んでいた。

夜九時を回った。

涼子は少し休憩をしようと、一階のリビングに行き、ストーブとテレビを点けた。

ちょうど面白そうなバラエティ番組が放送されていたので、途中からだったが観ることにした。恐らく、これを観ている間に両親が帰ってくるだろうと予想した。

ちょうど番組が終わりかけた頃、ぴんぽーん、と玄関ベルが鳴った。

「はあい」と声を上げながら、涼子は立ち上がった。

うっかり玄関の鍵を掛けてしまっていたかもしれない。

両親から「鍵は開けておいて」と頼まれていたからには、鍵を持っていかなかったのであろう。夜になってから玄関に鍵を掛けるルールは、涼子が年頃になってから始まったものだったので、まだ両親とも鍵に対する意識が低いのだ。

涼子は速やかに廊下、玄関口の電気を点け、「今開けるよぉ」と声掛けをしつつ向かったが、いざ玄関戸が目に入ると、思わず足を止めた。

玄関戸の格子状に嵌《は》められた曇りガラス越しに、こちらを覗く顔があった。

それも、八枠ある四角いガラスそれぞれに一つずつ顔がある。

外からぴたりとガラスに顔を近付けているのだろうが、ガラスの大きさは大人の頭部のサイズより大分小さく、大体どうやればこのように整然と八個の顔を並べることができるのか、想像が付かない。

上下四枚のガラス越しに八人の小さな顔の人がこちらを覗いている訳である。

親の悪戯を疑う余裕など持てる訳もなく、涼子は「ひぃぃ」と悲鳴を上げて、なるべく顔から離れようと二階へ駆け上がった。

自室に飛び込んでから先は、ただ怯えるよりほかなく、ひたすらドアを睨みつけた。

そうしていると間もなく、携帯が鳴った。

母からの着信だったので、開口一番『早く帰ってきて！』と叫んだ。

すると、母は『え。だから鍵開けてけろ』と戸惑いながら返事をした。

そしてもう一度、ぴんぽーん、とチャイムが鳴った。

ああ、先ほどの顔は何かの見間違いだったのか。

「は、はぁい」

涼子は再び玄関へ向かう。

が、階段を下りる途中で、またあの顔の列が目に入った。

「ええ。どういうこと。どういうこと」

あれが両親である訳がない。

遠巻きに玄関を見ながら、携帯から母に電話をする。

『ごめん。もうちょっと遅くなる。実は今、パパとお寿司食べでらの。もう少しで代行来るはんで《から》』

『早く来て！　こっち大変なの！』

そんなやり取りをしている間にも、男女の判別も付かないその八つの小さな顔は、少しも表情を変えず整然と並んでいる。

涼子はまた自室に戻り、ドアを睨んだ。

後にガチャガチャと玄関で鍵を開ける音がなり、両親の話し声が二階まで届くと、涼子は安心して突然の睡魔に襲われた。

翌朝、母に顔のことを話したが「夢だべ」と笑われた。

しかし、母の声で鍵を開けるよう促されたときの着信履歴はちゃんとあったそうで、涼子さんは、それを夢とは思えないまま今に至っている。

見張り番

弘前市に住む沢田から聞いた話だ。

高校三年生の頃。

「おめ《お前》、あの病院の話知ってるが？」

休み時間。

クラスメイトの安倍が神妙な面持ちで話し始めた。

「廃墟だね《だよ》。病院の廃墟。建て替えなったんだばって《だけど》、古いほうの建物がそのまんまだどよ《だってよ》」

訊くと、弘前市外のとある廃病院がすっかり朽ちてそこに何やら出るという。

廃病院、出る、と言葉が続くと、いつの間にか他のクラスメイトの男子達も輪の中に入ってきて、「では肝試しに行こうか」と企画が上った。

尤も、沢田を始め、他のクラスメイトも余り肝に自信がなく、相談しているうちに「明るいうちなら怖くはないだろう」と相成った。

沢田達は善は急げとその日の放課後、病院まで自転車で向かったのだが、市外ということもあり、一時間近くペダルを漕ぐこととなった。

メンバーは沢田、安倍、久保、葛西。

なぜかクラスの中でもトップクラスの怖がりが四人揃ったのだった。

やっとのことで到着し、塀で囲まれた廃病院の周りをうろうろした。

「おめだち《お前達》肝試しだべ！　この辺りの連中みんな迷惑してるんだね。警察呼ぶぞこら！」

怒鳴り声は突如現れた老人からだった。

「外から見るだけで帰ります！　すいません！　騒ぎませんから！」

沢田達はそう言い残して、とりあえずは走って逃げた。

……が諦める気はなかった。

老人が見えなくなるまで裏手に向かって走った先に、ちょうど侵入できそうな塀の切れ目があった。

暫く様子を窺ってみたところ、老人に追ってくるつもりはなさそうだ。

「よし。もういいべ。入るべし」

「わ《俺》は入らねじゃ。何だが具合悪くてよ」

いよいよ侵入というとき、葛西が言い出した。

「ここまで来て入らねのな」

「何だが入らねほうがいい気がして。具合も本当悪いし」

「んだらまだあのじっちゃ《爺さん》来ねように見張りしてろじゃ」

沢田ら三人は葛西を見張りとしてその場に残し、塀の割れ目を潜った。

敷地内に侵入して建物を検めると、出入り口、窓などのどこもかしこも施錠されているようだった。

「おうおう。あっこ《あそこ》だばどんだ《ならどうだ》？」

見ると建物に面して建つ小屋のドアが少しだけ開いていた。

近付き、重い鉄製の扉を開ける。

「パイプばっかだな」

小屋の中の様子から見るに恐らくはボイラー室。

機械類の向こうに、一枚の扉があった。

「までよ《待て》。あの扉開ければ病院だべ。行けるかも」

ドアノブに手を掛けると鍵は掛かっておらず廃病院の廊下に出ることができた。

陽の傾きかけた廊下には斜めに夕方の光が射し込んでいた。

まだ何かが出るには随分と明るい時間だった。

だがクラスでもトップクラスのへたれ軍団は、折角ここまで来たのに冷静に周囲を見渡すことができないどころか、揃いも揃って顔を上げることすらできない有様だった。

ひった、ひった、ひった。

一列に下だけを見て歩いた。

見えるのは光の反対方向に伸びる自分の影だけだ。

「……ん、おっかねえな……」

「…………ああ。おっかねえ」

「……何で、わぁんど《俺達》、来たんだろうな」

「わがんね……おっかねえ……」

ひった、ひった、ひった。


きゃはは、きゃはは。


遠くから女の人の笑い声が聞こえた。

ここいらに住むおばさんが立ち話でもしながら笑っているのだろう。

ひった、ひった、ひった。

きゃはははは。

再び笑い声が聞こえたその瞬間、沢田は床に映る自分の影と交差する〈何か〉の影が見えた。

ハッとして思わず顔を上げると、

コラッ！

という男の怒鳴り声が廊下に響き渡った。

声の主の姿は見えない。

見えない。

見えないのだが。

沢田の耳元でその怒鳴り声は響いていた。

勿論、三人は無我夢中で逃げ出した。

病院から脱出するなり急いで自転車に飛び乗り、力の限り漕ぎ続けノンストップで帰宅した。何事か分からない葛西も、仲間の様子に人一倍に怯えた。

次の日、沢田が登校すると葛西が学校を休んでいた。

具合が悪いと言っていたが、どうやら本当だったようだ。

葛西はそのまま学校を長期に亘って休み、久しぶりに登校したかと思うと、俯いたままぶつぶつと何かを言っているだけで会話にならない調子だった。

そして、葛西は完全に学校に来なくなった。

噂では「自室に引き籠もっている」とのこと。

卒業式にも出席しなかったので二度と葛西と会うことはなかった。

※　※　※

今、葛西君ってどしてらの《どうしてるの》？　もう付き合いとかねぇの？

「付き合いも何も。もう会えねえっすよ。引き籠もって二年くらい経った頃、家の前さ通りかかったパトカーさいきなり金属バットで殴りかかっていってまってさ。訳分かんねぇこど叫びながらパトカー破壊してらもんで逮捕されでまったんすよ。強制何とかってそのまま精神科さ入れられで出てきてねぇんすよ」

ラブ　二篇

知美さんが「高校を卒業したくらいだったかな」と言うから、三十年程前の話と思われる。


その頃、週末の夜に仲間とよく出掛けていた。

実家の近所に住む章君も遊び仲間の常連だった。

彼とは同い年ということもあり恋愛感情などは皆目なく、あくまで仲の良い幼馴染といった関係であったそうだ。

家が近いことから、夜遊びの折にはいつも章君の車に乗せてもらっていた。

その日も複数人で青森市の浅虫海岸まで行き、さんざん花火を楽しんだ。

時間はあっという間に過ぎ、すっかり時間が遅くなったことでやっと解散となった。

知美さんは行きと同様に、章君の車に乗った。

深夜の国道を弘前方面に向かい車を走らせていると章君が辛そうに話し出した。

「悪いんだけどよ、少し休んでいってもいべか？　眠くてまいね《だめだ》」

西側の市へと分岐する交差点に、間もなく差し掛かるという地点だった。

曲がれば山間の道沿いに点々とモーテルが建ち並ぶ。

「おめさ、おら達子供の頃からおべでるはんでそした《知ってるんだからそんな》気持ち何もねえんだけど！」

「いやいや、わだってそった気ねぇはんで！　本当に眠てぇんだね。もう目眩するだけ眠てくて《眠たくて》具合悪くてや。このままだば、マジで事故ってまるじゃあ……」

「本当にな？」

「本当だってば！」

なるほど必死の説明を受けてみれば、確かに章君の様子は辛そうに見えた。

「一時間でいいはんで寝らせでけじゃ。頼むじゃ」

一時間くらいであればテレビや映画を見て時間も潰せる。

知美さんも承諾した。

分岐を曲がりモーテル通りに入るも、何せ週末の深夜である。

真っ暗な街道沿いに光っているのは満室の表示ばかりだった。

何軒かのモーテルを過ぎたところでようやく空室の表示を見つけ、迷わず章君はハンドルを切った。

〈ホテルＧ〉というそのモーテルは、建物を回り込み裏手から入る造りだった。

敷地に入ると、中心の中庭をぐるりと囲うように各部屋の入り口が並んでいた。

ドアの横には車庫があり先客達の車がそれぞれ停められている。

建物右手奥の角に空室表示を見つけて車庫に車を入れた。

ドアを開けると二階へ続く階段があり、上がると個室のドアがあった。

浴室と寝室がある典型的なラブホテルだ。

浴室は室内側の壁がガラス張りになっていて、ガラスには大きなカーテンが掛けられていた。章君はまっすぐにベッドに向かうと倒れるように横になり、そのまま寝息を立て始めた。

ベッドの横にはこぢんまりとしたソファーとテーブルが置かれ、大型のブラウン管テレビがあった。

テレビの電源を入れようとすると、家庭用ゲーム機が繋がっていることに気が付き、知美さんはゲームで時間を潰すことにした。

そうやって一時間が経過した。

そろそろ章君を起こして帰ろう。

テレビとゲーム機の電源を切り、章君に声を掛けた。

「おう章。もう起ぎろじゃ。帰るや」

「いい加減にしてけろ、起ぎろ、起ぎろ」

章君は揺すっても叩いても一向に起きる気配がない。

何度も何度も呼び掛けていると、突然、室内に何かの気配を感じた。

後ろ。

何かいる。

振り返るとちょうど浴室が目に入った。

そして、ガラスを覆うカーテンが十センチ程開いていることに気が付いた。

あっ。

知美さんは気配の元が分かった。

カーテンの隙間から、小花柄が付いた黒いワンピースの女が、浴室のタイルの上で膝立ちをし、じっとこちらを見つめていた。

やべぇ。

これはやべぇ。

いよいよ何としても章君を起こし、逃げ出すしかないと思った知美さんは、グーで顔面を殴り、起こそうとした。

何度も何度も。何度も殴った。

「起きろよ！　何で起ぎねぇの！　早く！」

絶叫しながら、殴る、殴る、殴る。

すると今度は、自分の真横に気配。

ひっ。

反射的に顔を向けると、電源が落とされたテレビのブラウン管いっぱいに、浴室から覗いていた女の顔が映っていた。

知美さんはそこから先の記憶がない。

章君と二人で目が覚めたときには、朝になっていたそうだ。


この「ホテルG」跡は今も廃墟として現存している。

※　※　※

慎司は生命保険会社主催のお見合いパーティーで、ある女性と知り合った。

お見合いと言っても堅苦しいものではなく、当時『ねるとんパーティー』などと呼ばれていろいろなところで開催されていた、ごくごく気軽な集まりだった。

気軽に輪を掛けてただの人数合わせで出席した割には、縁を持つことができた訳だ。

彼女とは何度か軽い逢瀬を交わし、その日は焼き肉でも行こうかと隣市まで出掛けた。

市外に特別美味い店を知っていた訳ではないが、地元の弘前だと知人に目撃され、後で冷やかされるのが煩わしかった。

食事を済ませた頃にはすっかり夜になっていた。

慎司は、そろそろホテルに誘ってみても良い頃合いなのではないかと思い、意を決して誘ってみたところ、彼女の反応も満更ではない。

ところがあいにくその日は週末だった。

幾ら車を走らせてみても満室ばかりで空室の表示が見つけられない。

彼女の手前冷静を装っているものの、心のアクセルはベタ踏みでショート寸前である。

満室、満室、満室。

これではどうしようもないと慎司は意気消沈しながら車を帰路に向けた。

しかし隣市から出ると、旧国道沿いの古いモーテルに空室の表示が。

（おおお！）

分厚いビニールのカーテンが、いかにも〈ここは古いぞ〉という様相を呈するモーテルだった。

慎司は躊躇《ちゅうちょ》なくハンドルを切って目に付いた空のガレージに停車させた。

ガレージの左横にドアがあり、開けると奥へ続く廊下が伸びていた。

入り口にはアクリルの棒が付いた鍵が置いてある。

帰りはこの鍵を管理棟の小窓に持っていき精算すれば良いのだろう。

二人で個室に入り、慎司は荷物を寝室の粗末なソファーに置くと、バスタブにお湯を張るためにそそくさと浴室に向かった。

(誘ってみるもんだなぁ。ラッキー！)

蛇口を捻りながら自然と鼻歌が出ている自分に気付く。

部屋自体は外装同様に古く、内装も粗末だ。

小さな嵌め殺しの窓があり、建物とブロック塀との僅かな空間が庭園風に設らわれているのも、何だか気味が悪かった。

換気も余りよくないのか、浴室はお湯を入れ始めた途端に湿気が籠もり始め、黴《かび》の臭いが漂った。

慎司が手を濡らしたお湯を拭こうと洗面台に行くと、台に鏡はなく、左横の壁に固定されていた。

台にはかつて鏡が付いていた跡だけがある。

(何だこりゃ。いちいちケチが付く)

そう思いながら備え付けのタオルで手を拭いていると真後ろのドアが開いた。

「ねぇ慎司～」

明るく声を掛けながら彼女が入ってきた。

甘ったるく鼻に掛かった声で名前を呼ばれて、慎司は思わずニヤけた。

満面の笑みで振り返ろうとすると、

「帰ろう！　帰るよ！」

彼女は急に険しい口調で叫んだ。

「え？　え？」

戸惑う慎司の手を引くように、彼女は帰ろう、帰るよ、と連呼し、慎司は渋々了承するよりほかなかった。

車に手荷物を放り込むと小窓に精算しに行った。

「すいません。帰ります」

小窓の奥の女性は事務的に鍵を受け取った。

「あ、どうぞ」

その一言だけで部屋代の請求はなかった。

帰路に就いた慎司は必死に彼女の機嫌を取ろうとした。

　恐らく、自分が何かしらの粗相をした。思えば、少し浮かれ過ぎてデリカシーが足りない部分もあったのかもしれない。思い当たる節にまだ行きあたっていないが、何にせよこのままでは彼女との付き合いも今日限りになるかもしれない。

「何が悪いことしたべか？　何悪かったかしかへでければ《教えてくれたら》直すしさ。なぁ謝るはんで」

　車に乗って以来彼女は俯いたまま押し黙っているばかりだ。

　慎司は何度も何度も許しを乞うた。

　気まずい道中も、そろそろ弘前市内に入るという頃。

「あのさ……」

　ようやく彼女が口を開いた。

「……あんたの名前呼びながらドア開けたとき、私何見たか分かる？」

　今度は急に何の話を。

　慎司は脳みそをフル回転させたが、洗面台にいたときの自分に何の落ち度も見つからない。さっきまでと別種の緊張感が車内に生まれた。

「何って……わ《俺》が振り返る前だがら、わの背中が見えたんでねの……？」

「ん。それが……」

「あの部屋、何が汚がったから？」

「んん。そうじゃなくて……」

「え？　わ、何がしたがな？」

「……あんたの背中と、私の間にさ……」

「間さ？」

「天井から逆さまにぶら下がった女いて、あんたこっと睨んでらんだよ《あなたのことを睨んでいたよ》……」

ぶら下がった女。

長い髪の毛を下に垂らし、慎司を睨む女がいた。

彼女はぶら下がる女を見たのち、その目線が慎司に向いていることを横にあった鏡で確認したのだそうだ。

彼女の言葉にぎょっとしつつ、慎司は洗面台の鏡が外されていた理由を悟った。

そして、外されていたことに心底ホッとした頃には、あのときの興奮は遥か彼方へ飛び去り、とにかく早く帰りたくなっていた。

エンジェル様

私は三人兄弟の末っ子である。

六歳上の兄と二歳上の姉がいる。

姉が中学生の頃だったと思う。

姉の周りではエンジェル様が流行っていた。

エンジェル様とはこっくりさんのようなものである。

すっかりエンジェル様にはまってしまった姉は、夜な夜な自室でエンジェル様を呼び出すようになった。

最初は「アキラ君は誰が好き?」「あたしは将来お金持ちになれる?」など、他愛ない質問ばかりしていたらしい。

けれども次第に質問項目が尽きてくると、姉はエンジェル様そのものに興味を持ったようだった。

「生きていた頃の本当の名前を訊いてみたの。そしたらね、決まって『私の名前はお岩』って言うのよ。『お岩さんってあのお岩さん? 嘘でしょ?』って言うと怒り始めるの。でね、段々帰ってくれなくなってきたのよ。もう、帰ってくれるまでが長くて！　何回も何回も『お帰りください』って言ってやっと帰ってくれるのよ」

姉がそんなことを愚痴っていたのを今でも覚えている。

ある日、姉がべそをかきながら居間に飛び込んできた。

「どうしても帰ってくれない。どうしよう。『死ね』とか言ってる！　怖い！　どうしたらいいの？」

それを聞いて居間を飛び出したのは兄だった。

思わず私も兄の後をちょこちょことついていった。

兄は姉の部屋に着くと勢いよくドアを開け放ちいきなり怒鳴った。

「何やっちゃんずよ！　帰れってさいれば《言われたなら》帰んながー！　ふたが《殴るぞ》こら！」

姉の机の真上では蝋燭の明かりによって照らされた天井に、何のものか分からない黒い影が浮かび上がっていた。

その影は兄の怒号が効いたのか、ゆっくりと動き出し北向きの窓から出ていった。

怪談随筆「新・津軽」四、五所川原市

太宰治生誕の地である五所川原市は、観光の目玉の一つとして太宰にスポットを当てている。文学ファンなら一度は訪れるべき場所だろう。

カフェにでも入って、ゆったりと本でも読みながら過ごしたくなる街だ。

太宰の生家は太宰治記念館「斜陽館」として同市金木町に残されてあり、全国からファンが訪れている。


以前、友人と金木町の県立自然公園「芦野児童動物園」に赴いた折、私は何と祠の目立つ地域だと驚いたものだ。

車で小道を走っていると、ここにも祠、ここにも祠と、幾つも通り過ぎる。

一つ一つがしっかりと近隣住民に手入れされているようで、神体が纏っているものの色彩が古びていなかった。私が弘前市・青森市と比べて、五所川原市により強い土着性を感じるのは、これら祠の記憶があるからだ。

街並みから蟹田同様の、昔ながらの津軽を感じる。

金木町と言えば、「水子人形堂」などがある津軽霊場「川倉賽の河原地蔵尊」が有名で、恐らくはこの霊場の在り方を礎とした感覚があるために、路上の祠がしっかりと祀られているのだろう。

この金木の祠に因んだもので、こんな話を聞いたことがある。

早朝に車で海釣りに出掛けた。

住まいから目指す釣り場へ向かう道程は幾つかあったが、その日は金木町を抜けることにした。

まだ陽が昇る前の薄暗い町を行く。

家の建ち並ぶ小道を抜けていくと、ふと路側帯を歩く子供の姿が目に入った。

子供はどてらともんぺ姿という何とも可愛らしい出で立ちであった。

傍に大人の姿はなかったが、長閑《のどか》なこの辺りでは何か問題があることもなかろう。

農家の朝は早い。どこぞ近所の親戚の家にでも向かっているのかもしれない。

そう思いながら暫く進むと、今度は数人のグループに出くわした。

子供らは先ほどと同じくどこか古めかしい格好で、女の子は桃色のくたびれた着物姿だ。

集落の祭りでもあるのだろうかとも思ったが、子供だけがうろつく事情は知る由もない。

相変わらずどこにも明かりはなく、まだ空は白んでもいない。

少しアクセルを緩め、まじまじと子供を見る。どこか穏やかな表情で、何も心配事はなさそうに見える。ならば、これはこれで良いのだろう。

そうこうするうちに、通る一本道の両方からひょこひょこと子供達が姿を見せ始めた。

何かあっては大変と更に徐行に努めて様子を見ると、子供達は先に見える一つの祠に集まっていく。

やはり何かの風習かと思ったが、祠の横を通ったときには十人以上はいたはずの子供の姿が影一つなかった。

冬の神社

松本さんが小学校六年のときのこと。

当時、年末年始になると岩木山にあるスキー場で、家族や父の親しい友人達と、山小屋に宿泊するのが定番だった。

山小屋の前で弟と雪だるまを作っていると、一台のスノーモービルが停まった。

「おう！　元気でらが《だったか》」

「おじさん！」

兄弟はニコニコと笑いながらスノーモービルに駆け寄った。

運転しているのは山小屋の管理人のおじさんだ。

「二人とも、おがったな《成長したな》」

おじさんは嬉しそうに二人の頭を撫でると山小屋の中に入った。

兄弟も後を追って中に入る。

「ねえ！　おじさん。何か話してよ」

弟は、身体に着いた雪を払うおじさんの腕を引っ張り、そうねだった。

山のことに詳しいおじさんの話はとても面白く、兄弟は毎年おじさんから話を聞くのを楽しみにしていたのだ。

「んだなあ、おめだち《君達》不思議だ話っこ好きだが?」

「うん大好きだよ!」

大きな声で弟が返事をした。

「へば《じゃあ》おじさんが見た不思議なモノについて、しかへるが《教えるか》」

三人は身体を温めるために薪ストーブを囲んで椅子に座った。

こうしておじさんは、ストーブに手をかざしながら、ゆっくりとした口調で話し始めたのだった。


おじさんは毎朝、山の神を祀る岩木山《いわきやま》神社にお詣りをしているんだ。十二月に入り雪が積もり始めた頃のことだったかな。その日もおじさんは車で、まだ薄暗い神社に行ったんだ。

本殿まで続く長い石段は全て雪で覆われていた。

鳥居で一礼して、ぎゅっ、ぎゅっと雪を踏みながら石段を登ったんだ。

境内は静まり返り、自分の息遣いと雪を踏む音しか聞こえなかった。おじさんは、この朝の静けさと凛とした空気が大好きなんだ。

中腹まで石段を登ると徐々に空が明るくなり、大分周りが見えるようになってきた。

すると、まだ先にある赤い楼門の前に人影が見える。

神社の人だべか？

おじさんは一旦足を止めたが、石段を登り続けたんだ。

楼門の手前にある急な石段の下まで来ると、人影が何なのか分かった。

女の人だったんだ。

髪は長く腰近くまであり、綺麗な着物を纏っている。

女の人は、楼門の奥にある本殿のほうを向いて立っていたんだけど、背が高くて六尺……百八十センチ以上はあったな……。

オナゴ《女の人》にしては、じゃまおっきいな《背が高いなぁ》、って思ったもんだ。

あと数段で石段を登り終えるという所まで進むと、女の人の全身が見えた。

女の人は一本歯の高下駄を履いていたんだ。

おじさんは高下駄を履いた女の人を見たことなかったから驚いたんだけど、随分綺麗な着物を着ていたもんだからすっかり、見とれてしまった。

　本当に豪華な着物だったな。

　一番上は鮮やかな桃色、その下には赤や白、黄色に緑と幾重にもなっていて、それが朝日に照らされキラキラと光る。

まるで雛人形のようだ。

はぁ、なんぼ綺麗だば。こいだば面《つら》こもめごいべなあ《可愛いなあ》。

どらどら。ちょっとお顔でも見せてもらおうと、おじさんは女の人に近付いて朝の挨拶でもしようと思った。

おは…………。

あれぇ？

声が出かかったときに女の人は、身体をゆっくりと動かし、こちらを振り向いたんだ。

うわあっ！

おじさんは、女の人の顔を見て腰を抜かすほど驚いちまった。

女の人の顔は山の中でよく見かける動物。

猿の顔だったんだ。

ニホンザルだよ。知ってるか？

数匹の群れで木々の間を軽々と渡り歩くあのニホンザルだったんだ。

真っ赤な顔で、黒く長い髪を額の真ん中で分け、綺麗な着物を纏い、山伏が履くような高下駄を履いた猿だぞ。

それが驚くおじさんを見て不思議そうに首を傾げてんだ。

そのとき、山からぴゅうっと冷たい強い風が吹いて、おじさんはあっと目を閉じちまって。

目を開けたときには猿の女はいなかった。

不思議なこともあるもんだべ。

おじさんは女が去った場所まで恐る恐る近付いて、辺りを見渡した。

でも、その辺には足跡一つもない。はぁ、化かされたぁ、って思ったんだけど、何とも
神社の空気が気持ち良かった。

おじさん、ビックリしたけど、楽しかったなあ。

山がまた好きになった。


おじさんは話し終えるとストーブに薪をくべた。

兄弟は言葉が出ない。

ワクワクして、今すぐにでも猿の顔をした女の人を探しに行きたいくらいだ。

「おじさんはな、山の神様だと思ってらんだ。知ってるが？　山の神様は昔から女子《おなご》だって言われてるんだぞ。おじさんは神様に会ったがもしれないんだ」

「うわー！　すごいっ！」

「おらんど《僕達》も会ってみたい！」

兄弟が口々に感嘆するとおじさんは、

「おじさんみたいに良い子にしてれば、きっと会えるどお！」

と言い、大きく笑った。

呼ばれ、止められ

私の同僚で海釣りが趣味の佐藤さんに「何か不思議な体験はないか」と訊いてみたところ、こんな話をしてくれた。

夕方、仕事を終えてから深浦町の入前崎まで釣りに出掛けることにした。

お目当ての釣り場最寄りの駐車場に車を停め、車中で仮眠を取り、深夜とも早朝とも付かない時間に目的地に向かうのが、お決まりのパターンだった。

仮眠を終えまだ周囲が暗いうちに愛用の道具を担ぎ、慣れた道を歩く。

駐車場から釣り場までの遊歩道。

左右には林。

その日は、遊歩道から右手にある林へと入っていったそうだ。

林の中、土を踏みながら進んでいると足元で、
ガサガサッ！

と、ビニールが擦れたような音がした。

佐藤さんはその音でふっと思った。

あらぁん？

釣り場、こっちじゃねえやな。

何でおら、林の中さ、いるんだ？

何の意味もなく林を歩くとは、ぼんやりしていた、では済まされないような間違いをしている。

急いで遊歩道へと引き返す中、思いのほか、林の奥まで進んでいたことが分かった。

途中何個か釣り道具を落としたが、すっかりパニックに陥っていた佐藤さんは、意に介さず先を急いだ。

見慣れた道に戻ってきたときには、全身を冷たい汗が流れていた。

もう釣りをする気力もなくなり、車へと引き返して明るくなるまで過ごすことにした。

陽が昇り周囲が明るくなってくると、佐藤さんは少しずつ落ち着いてきた。

帰り支度をしながら落としてきた道具が何だったかを確認してみる。

参ったじゃあ……最近買ったばかりのリールがねえべな。
あった大事なもんとば落としでらのが。《あんなに大事な物を落としていたのか》
どうすべ？　……探しにいぐべが。

緊張はあったが、釣り人としての意地とプライドが勝った。
意を決して林へと向かう。
何となく自分が林へ折れた箇所は覚えているし、目印も一応はある。

踏んだビニールを探してみればいいべ。
コンビニのビニール袋か何《なに》がだべな。

そう考えていた。
当たりを付けた場所から林に入ると、すぐにリールを発見できた。
拾い上げようと手を伸ばした瞬間。
それが目に入った。

うおおお。まいね《ダメだ》まいね《ダメだ》まいね《ダメだ》……。

リールの傍に、枯れた花束があった。

花束を包むビニールの包装紙が風で微かに揺れている。

おら、踏んだんず、こい《これ》が？　……こいだんず……？

下を見ると、花束へ続く自分の靴跡が、くっきりとあった。

ってすが《というか》……まで《待て》まで《待て》まで《待て》……。

置かれた花束の先は断崖絶壁になっていた。

花束から先、あと数歩進んでいたら転落は免れなかったかもしれない。

まいねまいねまいね。

佐藤さんはリールと釣り人の意地とプライドを捨て、その場から走り去った。

四年生の思い出

公務員の佐藤さんは、青森県鰺ヶ沢町で生まれ育った。

小学生の頃。

その学校では年に一度、親子レクリエーションという行事があり、四年生だったその年は「肝試し」をすることになった。

父母の手によって、校舎が一日限りのお化け屋敷に変身する。子供達はきゃあきゃあ言いながらそこを探検する。そんな企画であった。


西の空が茜色に染まる頃。肝試しがスタートした。

校舎内には順路と任務が設定されていて、参加者は最終的に視聴覚室へ行き、ハンコを押して帰ってこなければならない。

あちこちの教室に、廊下の片隅に、趣向を凝らした手作りの仕掛けがあった。

今思い返してみれば至って慎ましいものだったけれど、それでも子供達は存分に驚き、目いっぱい声を上げて楽しんだという。

視聴覚室に一人到着した佐藤さんは、ガラガラと引き戸を開けた。

室内は校庭に面した窓にも、廊下に面した窓にもぐるりと暗幕が巡らせてあって、夕闇が入り込みつつあった廊下よりも一段と暗かった。内部には机を組んで迷路のように道が作られていて、右へ左へと手探りで進んでいかねばならない。

ビデオ教材を観たり、スライド教材を使ったりといつもはみんなで賑やかに過ごすこの部屋が、今日はしんと静まり返り、心細いことこの上なかった。

窓辺に引かれた暗幕の向こうに、誰かがいる予感がした。

裾から足が覗いた訳でもなく、そこに人の形の膨らみがあった訳でもない。

何の理由もなく、ただ〈いる〉と思った。

――この暗幕を捲ってやろう。

つかつかと歩み寄った佐藤さんは、黒く分厚いその布地に右手を添えた。

そのとき。暗幕の切れ目の向こうから伸びてきた手が、佐藤さんの手首を掴んだ。

肘から先の、白くほっそりとしてきめ細やかな――幼さと大人らしさの入り混じった、十代半ばと思しき女性の左手であった。

突然の出来事に、佐藤さんは驚くというよりも腹が立った。

しゃっ！　と、その手を振りほどく勢いで暗幕を引き開けた。

窓の向こうには、誰もいなかった。

佐藤さんは、岩木山から白神に連なる黒い山々が紫がかった空の下でどっしと横たわるその景色を、呆然と眺めるよりほかなかった。

後日、この日の出来事を担任の先生に話した。

すると、

「夕暮れ時になると、中学生ぐらいの女の子が制服を着て窓辺に立つことがあるよ」

と、事もなげに言われた。

テクニシャン

本州最北端にある青森県大間町。津軽海峡に面し、海峡マグロで有名な町だ。この町で起きた体験談を耳にしたのは約二十年前のこと。

東京在住の山本さんは毎年、自走で北海道まで行き、道内を一周するバイクツーリングを夏の恒例行事にしていた。

その年も大間町まで自走したが既にフェリー最終便が出航していたため、フェリー埠頭でキャンプして翌朝の便で函館に向かうことにした。

フェリー埠頭の芝生にテントを設営し、酒と肴を買い込み、夕焼け空の下、刺身を頬張って晩酌した。

二本目のビールが空いた頃。

三百キロ以上の距離を走ったせいで、早々に眠気が襲ってきた。時間は夜の九時頃。

調理器具を片付け、ソロキャンプ用の狭いテントに入った。波の音とイカ釣り漁船のエンジン音を子守歌に、眠りに就いた。

どれぐらい眠っただろうか。
身体に違和感を抱いて目覚めたものの身体が動かない。
だが、身体が動かなくとも、違和感の正体は分かる。
誰かが股間を触っている。
目線を下腹部に向けると、誰かの白い手がある。
いつの間にか、パンツはずらされていた。
テントのファスナーは僅かに開けられており、隙間から手が伸びている。
が、この腕はバランスがおかしい。
長さが人のものと思えない。
そんなことを考えている間に、山本さんは果てた。

この話を取材した翌年、私は全く同様の体験談を若い二人組のバイカーから聞いた。フェリー埠頭でキャンプをした折に、二人とも同じ目に遭ったそうだ。
若者の一人は「テクニシャンでしたよ」という言葉を残している。

コン！

土屋さんが今から三十年ほど前に体験した出来事。


当時、土屋さんは青森から一緒に上京した仲間二人とバンドを組んでいた。

土屋さんのパートはドラム。

バンドは原宿の歩行者天国で絶大なる人気を誇り、長髪にタトゥー、バイク、強面のファッションをトレードマークに、アマチュアながらも何度も雑誌に取り上げられるほどの勢いだった。

そんな土屋さんが人気絶頂の頃、一人暮らしをするアパートの部屋に無言電話が頻繁に掛かってくるようになった。

最初は悪戯だと思っていた。

何せ人気があると僻《ひが》む者もいる。

バイトしながらのバンド活動で寝に帰るだけの部屋だが、その睡眠を邪魔されるのだから堪ったものではない。

頻繁に来る無言電話に悩んでいることは、バンドメンバーや親しい友人達にも話していた。

誰かがこう言った。

「もしかして内気なファンの子じゃないの」

「そうか。それも考えられるな」

確かにライブや歩行者天国に来るファンの中には、いかにも内気そうな様子で、声もなくプレゼントを渡すような人がいる。

そこまで考慮した土屋さんは次に無言電話が来たら、あることを試そうと思い付いた。


夜。

一人部屋でビールを飲みながらブルースロックのＣＤを聴いていると、電話が鳴った。

『もしもし』

無言。

いつもなら、ここで電話を切る。

しかし今回は計画通り、少し間を置いてこう切り出す。

『なあ、お前さ何か言えよ。怒らないから』

またも無言。
『じゃあ、俺が質問するからイエスなら一回、ノーなら二回。受話器を叩くのどう？』

コン。

暫くして、受話器を叩く音がした。
一回。
イエスだ。
『お！　ありがとな。じゃあ訊くぞ。お前、俺が知ってる奴？』
コン。
『そうか俺が知ってる誰かかあ。じゃあ次、男？　女？　男なら一回、女なら二回ね』
コン、コン。
『へえー女の子かあ。誰だろうな？　恥ずかしいの？』
コン、コン。
『え？　恥ずかしいから声出さないのかと思ってたけど。もしかして話せないの？』
コン。

もしかしたら、声を出せない病気なのかもしれない。
だとしたら、少しデリカシーに欠ける質問だったかもしれない。
『ごめん気悪くした？』
コン、コン。
『それじゃあ。君さあ俺のこと、好きなの？』
無音。
この質問も悪手《あくしゅ》か。少し調子に乗り過ぎてしまったかもしれない。
コン。
『分かった。ありがとうな。また、こうやって話そうよ』
コン。
受話器を叩くその音は、心なしか嬉しそうに鳴った。

翌日のスタジオリハーサルの場で、メンバー二人に昨晩のことを報告した。
（無言電話の女の子は誰だ？）
三人は腕組みして考えた。
土屋さんはお世辞にも女性関係が綺麗とは言えない。

ぽつぽつと女性の名前が飛び交った。

「希美」

「明子」

「美代ちゃんとか……」

「恭子……恭子は？　恭子なんじゃない！」

ボーカルとギター担当のヒロアキさんが、土屋さんを指差して力強く言った。

「ああ、あの娘か！」

ベースの市田さんも納得する。

「恭子かあ」

東京の女の子ばかり考えていた。

恭子さんは土屋さんが上京する前まで付き合っていた女性だった。

高校卒業と同時に進学や就職で地元を離れる者が多い中、恭子は地元に残ったのだ。

「なあ、いいアイデアがあるんだけど」

土屋さんが二人に話し掛ける。

「何だよ」

「明後日の晩、お前達時間ある？」

「昼は仕事。夜は大丈夫だよ」

ヒロアキさんが答える。

ヒロアキさんと同じバイト先の市田さんも頷いて同意する。

「じゃあさ明後日の夜、俺のアパートに来てくれよ。それでさ、電話掛かってきたらヒロアキさんが恭子の実家に電話してくれよ」

「そっか！　話中だったら恭子の可能性高いもんな」

「土屋。お前、頭いいじゃん」

爆笑するヒロアキさんと市田さん。

「頼んだぞ」

「了解！　任せとけ！」

三人はこの企みに満足し、また笑った。


明後日、ヒロアキさんと市田さんは約束通りアパートにやってきた。

「よう。酒買ってきたぞ」

「悪いな」

「じゃあ。電話が来たら打ち合わせ通りに頼む。これ恭子の家の電話番号」

土屋さんはヒロアキさんに電話番号が書かれたメモを渡した。

「電話来たらいいいな」

「絶対に来るよ。俺いるの分かってるかのように電話掛かってくるからな」

「気持ち悪いな。どこからか見られてる感じだな」

ヒロアキさんがビールを飲みながら言った。

「まあ相手が恭子だったら、何で無言なのかも知りたいよな」

普段は無口な市田さんも興味津々なようだった。

十時を過ぎた頃だった。

何本かのビールを空け、三人が新曲の相談をしていると着信のベルが鳴り響き、電話に視線が集まった。

「出るぞ」

土屋さんは二人に告げ、唾を飲み込むと受話器を取った。

「もしもし」

相変わらずの無音。

相手に間違いがないことを示し、二人に指でサインを送ると、二人はアパートの向かいにある酒屋の公衆電話を目指し、静かに部屋を出た。

「元気？」

コン。

「今日は暑いねえ」

他愛もない会話で時間を稼ぐ。

コン。

「何、話そうか」

部屋のドアが開き、市田さんが静かに入ってきてメモ紙を見せる。

紙には〈話中〉と殴り書き。

土屋さんが親指を立てて笑顔を作ると、ヒロアキさんも姿を見せる。

「あのさ、お前ひょっとして……恭子？」

…………。

さて……一回か？　二回か？

コン。

「恭子なのか？」

コン。

予想は当たった。

恭子。

恭子だと分かった。

しかし、だからと言って、俺は何を言えばいいんだ。

誰だか分かった以上、無責任に話し掛けるのは憚《はばか》られる。

そんなことを考え、言葉を継げずにいると、ツーツーと乾いた電子音が鳴り、通話が終わったことを知らせた。

受話器を置く土屋さん。

「おい、どうだった？」

「恭子だった」

「やっぱりそうか」

「それで？」

「恭子か？　て訊いたらイエスの返事があって、電話が切れた」

「切ったのか？　恭子が自分で電話を」

「訳ありだな」

三人で話し合った結果、日を改めて土屋さんが恭子さん宅に電話をすることになった。

翌日。

バイト先の喫茶店の休憩時間に、土屋さんは恭子さんに電話をしてみた。

プッシュホンに指を伸ばすと勝手に指が動いた。

懐かしい電話番号だ。

あの頃は、幾度となくこうやって電話をしたものだ。

数回ベルが鳴ると年配の男性が電話に出た。

恐らくは父親。

思えば、付き合っていた頃に父親に会ったこともなければ、声を聞いたこともない。

「あのう土屋と申しますが、恭子さんはいらっしゃいますか？」

電話の向こうの男性から応答がない。

「あのう」

土屋さんは再度電話の相手に呼び掛ける。

「すみません。恭子さんは……」

「あ、すまね《ごめんなさい》。恭子のおべてら人だが《知り合いですか》？」

「あ、はい……ちょっと同窓会開こうかと思って連絡しました」

「んだが《そうですか》、恭子な、恭子な……」

男性は声を詰まらせている。

「三カ月前に死んだんだ」

「え？　死んだ？」

「んだ《そうです》、病気でな。あっという間だった。折角連絡貰ったけど申し訳ね《申し訳ない》」

男性は恭子の父親だと名乗った。

「……そうですか」

「恭子のこと、ありがとうな」

「はい、何も知らなくて失礼しました。すみません」

土屋さんは受話器を置いた。

暫く呆然とした。

元気なときの彼女の笑顔が浮かぶ。

自分とは不釣り合いなくらい清純な女の子だった。

上京を決めたことを教えると泣き、駅で別れるときも泣いていた。

「頑張って有名になってね」彼女から聞いた最後の言葉。

まさか、こうなるとは思ってもいなかった。

生気を失ったままバイトをこなし、アパートに戻るとバーボンをグラスに注いだ。

そして、記憶がなくなるまで飲んだ。

後日、土屋さんはヒロアキさんと市田さんをアパートに呼んだ。

「恭子、死んでた。お父さんが電話に出て教えてくれた。病気だったらしい」

「え？　死んだ？　じゃあ誰が電話してきたんだよ。恭子の家から」

「知らねえよ」

「恭子の家族？」

「俺のアパートの電話番号なんて分かる訳ないよ」

「そ、そうだよな」

「そもそも、何で俺達、あれを恭子だって思い込んだんだ？　全部思い込みじゃねえか？　女かどうかも分からねえだろ？」

「そ、そりゃあ……うん。それもそうだな」

「恭子じゃ……ないんだな……」

土屋さんのその言葉を最後に三人は暫く黙りこんだ。

何にせよ、あの日恭子さんの死を知ったのも何かの縁だ。

三人はぽつぽつと思い出を語り、恭子さんを弔った。

『もしもし？　おう、土屋？　俺、市田だけど。地元の友達から聞いたけどやっぱり病気で亡くなったってよ。白血病だって。体調悪いって病院に行って調べたら、もう遅かったって。骨髄移植も合う人が見つからないままに亡くなったそうだ。電話出たの親父さんだろ？　お袋さんはショックで寝込んでるらしいよ。それで、あの家には親父さんとお袋さんと婆さんしか住んでないって』


毎日、酒を飲んでは彼女を思い出し、死を嘆くとともに自分の夢だけを追って彼女を置き去りにしたことを悔やんだ。

そんな荒んだ生活が続いたある夜。

久しく鳴ることのなかった電話が鳴った。

『もしもし』

相手が無言であることを祈る。

例え、悪戯であっても今は恭子を感じさせてくれたらそれでいい。

『……』

『恭子か？』

コン。

嬉しかった。

『恭子。お前、死んじゃったのか？』

コン。

『じゃあ恭子、お前今、幽霊なの？』

自分でも馬鹿げた物言いだと分かっているが、寂しさを埋められるなら、無言電話でも構わない。

コン。

『俺、お前に悪いことしたよな？』

コン、コン。

『俺、自分のことばっかり考えて……ごめん』

まさか、死ぬと思ってなかったんだ。

その言葉が喉まで出かかるが、また電話が切れてしまっては困る。

コン、コン。

涙が溢れ出た。

また、言葉が続かない。

暫く沈黙が続く。

『……あのさ恭子。前に訊いたけど、俺のこと好きなの？　今でも、好きなの？』

一度だけ、受話器を叩きつけたような音がした。

『そうか……恭子、ありがとう。会いたいよ。出てきてよ。頼むよ』

コン、コン。

『出てこられないの？』

コン。

『悲しいな。会えないなんて』

コン、コン。

『悔しいよ……どんな形でもいい。どうなったっていいから、とにかくこうやって電話を掛けられるお前がまだいるっていう証を見せてよ！』

コン。

『……できるの？』

コン！

暫く土屋さんは考えた。

恭子は声を出せない。

こちらから何かを提案しないと、彼女が言っていることを知ることはできないんだ。
ならば。
『何かを動かしたりできる？』
コン、コン。
『影だけで出てくるとか？』
コン、コン。
土屋さんはテレビや雑誌で見た知識を総動員して提案した。
『夢に出てくる？』
『金縛りに遭わせる』
『窓を叩く』
コン、コン。
他に何かないか……。
他に……。
『……誰かに乗り移ることができたりは？』
コン！
コン！

ビンゴだ。

これで、もっと恭子に近付けるかもしれない。

いや、そんなことが起きる訳がない。

違う。

これで会えるかもしれないんだ！

自分が正気かどうかも判別できない。

いや、それでもいい。

心の穴が埋まるなら、何でもいい。

『分かった。乗り移れるんだね。じゃあ誰でもいい、誰でもいいから乗り移って、もう一度会いに来てくれ！』


コン！


この打音を最後に電話は切れた。

以降、無言電話が掛かってくることはなくなり、土屋さんはバンドとバイトの生活に戻った。不思議と酒量は減り、日々に集中することができるようになった。

それから一年近く経ったある日。

バイト先の喫茶店の仲間で飲み会があった。

銘々集まった順に座っていったところ、土屋さんの隣には、どうにも苦手な詩織さんが座った。

詩織さんも土屋さんを日頃毛嫌いしていたので、最初は暗黙の了解で背を向けて酒を飲んでいたが、どういう訳かその酒宴に限って、いつの間にか互いに向き合い、話がどんどん弾んでいった。

二人の急接近は、周りも驚くほどだった。

二次会、三次会と飲み歩き、終電もなくなった二人はとうとうラブホテルへ消えていった。

絶対に関係など持つはずもないと思った相手と関係を持った。

殆ど記憶にない夜だったが、一つだけ鮮明に記憶に残ることがあった。

ベッドの上の彼女は恭子さんに似ていた。

一夜明け、詩織さんとの仲は元通り険悪になった。

寄ろうものなら口喧嘩が始まる。

二人とも親しい友人に「あの夜の自分はおかしかった」と漏らしていた。


数週間後、土屋さんは詩織さんから店の裏に呼び出された。

渋々、言われた通りに向かう。

「おう。何だよ」

「あんたさあ」

「何だよ」

「あたし」

「何だよ！」

「生理が来ないのよね……」


何度も詩織と相談した。

堕ろそう。

何の計画もない、酒に背中を押された一夜の過ちだ。

産まれてくる子供のことを考えろ。

俺達が家庭なんか築ける訳ない。

しかし頑なに詩織は拒否した。

「あんたのことは嫌い」

こっちだって嫌いだ。

「でも、子供は産む」

子供。

俺の子供。

どんな経緯であろうと父親は俺だ。

そして最終的に土屋さんは決心した。

「……結婚すっか……」

二人は出産前に籍を入れた。

新しいアパートに引っ越し、合うはずもない性格の二人が共に生活をする。

それは地獄としか言えない日々だった。

二人はただただ互いの存在に耐えた。

全ては産まれてくる子供のためだった。

元気な男の子が生まれた。


土屋さんは仕事に精を出した。

詩織さんも初めのうちは家族を成立させるために努力をしていたようだった。

しかし、無理だった。

日を追う毎に詩織さんの育児放棄が目立つようになった。

「この子にも、あんたにも愛情が湧かないの」

離婚を決め、親権は土屋さんが持った。

乳飲み子を一人で育てることは無理だろうと、両親が息子を青森の実家に引き取っていった。


土屋さんは再び酒に手を出し始めた。

ゴタゴタの中、バンドは解散状態になった。

気力がない日々が続く。

床で寝ていると電話が鳴った。

「もしもし」

無言だ。

「恭子……か？」

コン。

「……恭子」

このときを待っていた。

ずっと思っていた。

「お前、乗り移ったのか？」

コン。

「……俺との子供、欲しかったのか？」

コン！

息子はすくすくと成長した。

息子の容姿は、その姿を知る人誰もが驚くほど、恭子さんに似ていった。

恭子、これでいいんだよな？

コン！

俺達、これで良かったんだよな？

コン！

オブジェ

弘前市在住の小池涼子さんから聞いた話だ。

涼子さんの母はフリーマーケットやクラフト市で買い物をするのが趣味だ。

名もなき手仕事職人が作ったバッグや、学生が実習で制作した焼き物などを安価で購入し、家に戻って悦に入る。さも楽しそうに「ちょっとこれ見て」と涼子さんに差し出し、感想を求める。「これはちょっとね……」と批評をして、これまた楽しそうに押し入れに仕舞い込む。そんな一連がストレス解消になっているようだった。

ある日、涼子さんが仕事から戻ると、食卓の上に随分と大きな陶器のオブジェが置かれていた。白色に薄い青が混じった縦長のオブジェ、とまでは表現できるが、それがズバリ何を模したものなのかは判別が付かない。上部の青が少し濃いので、もしかしたら花束か何かかもしれないが、自信はなかった。

六十センチは高さがあり、幅も三十センチ以上はありそうだ。

両親と三人で使っている食卓に置くには明らかに邪魔だが、下手に移動させようとして割ってしまっては大変だ。きっと母も仮置きをしているに過ぎないのだろうと、暫くの間じろじろと見た後に、自室に戻った。

間もなく母が戻って、夕食の支度が始まるだろうと思いつつ、パソコンをいじっていたが、一向に戻る気配はなく、普段の夕飯時から二時間が過ぎようとしていた。母の携帯に一度電話をしたが、掛け直してくるだろうとたかを括っているうちに二時間だ。

何か用事があるときは、まめに伝えてくれる母だったので、涼子さんは幾分心配が湧いた。尤も、両親とも年金暮らし故、時間はある。

毎日家にいたりいなかったりする、いつどこで何をしているかも分からない父が先に帰ってきて、「母さんどごだ?」と廊下から声を掛けてきたが、「分がんね《分からない》」とぶっきらぼうに返すより他なかった。

更に一時間が経った。

かつてこんなことがなかったため、母が午後十時まで連絡もなく帰ってこない事態がどれだけ深刻なのかは分からないが、余りに遅いようなら警察に電話をするべきなのかもしれないと涼子さんは思った。

階下から自分の心と裏腹な電子レンジのチーンという音が鳴り、涼子さんは父の呑気さに呆れると同時に、流石に自分も空腹を感じていることに気が付いた。

一階に下り、台所に入ると父が食べたレトルトカレーの匂いがまだ残っていた。

常時戸棚に幾つか収まっているカップラーメンのどれかを食べるか、冷蔵庫の残りもので何か作るか迷ったが、結局は父と同じくカレーを食べることにした。

母がタイマーを掛けていたので、炊飯ジャーは保温のランプが点いていた。

ジャーを開けるとまだ混ぜてもいない。

どういう訳か父は冷凍の御飯を解凍して食べたらしい。

手鍋に水を張り、カレーのパックを入れてコンロの火を点ける。

食卓に着いて、カレーが温まるのを待つ。

手持ち無沙汰を解消するためにスマホを繰ってみるものの、やはりオブジェの圧迫感が気になった。

時計を見ると今にも日付が変わりそうだ。いよいよ警察に通報することが現実的になってきたと思った頃、玄関の戸が遠慮がちにカラカラと開く音がし、続いて母が「あら、今食べてる」と呆れたような声を出しながら姿を現した。

「ちょっとぉ。遅ぐなるんだば、先に言ってよ。心配したべさ」

「言ったべさぁ。今日、女学校の頃からの友達と夕飯食べるって」

涼子さんは「えー」と納得のいかない相槌を打ったが、高齢な母と言った言わないの問答を続けるつもりはなかった。無事に帰ってきたなら、それでいい。こんな時間まで母が飲み歩くことが初めてだったからと言って、大人気なく動揺していた自分が悪かったのだろう。

「母さん、それはそれとしてさ」

「うん」

「この置物、邪魔じゃない？」

涼子さんは顎を突き出して、食卓の上の造形物を指した。

「置物？」

「うん。これ、置物じゃないの？」

「……置物？」

要領を得ない。

親しみ深い母と娘の関係から反射的に、つい強い言葉を使いそうになってしまうが、たまに羽を伸ばしたが故に酷く酔っているだけなのかもしれない。

涼子さんは務めて冷静に、「だからあ、これぇ」と言い、オブジェを人差し指でコツンとこづく。

つもりだったが。

突き出された指はそのままオブジェにめり込み、涼子さんは「ふぇっ」と変な声を出すことになる。

　手を反射的に戻し、まじまじとオブジェを見ると、初見のときと比べて、元々淡かった全体の色味が更に淡い。透けているという程ではないが、輪郭がぼやけそこにあるようで、ないような感がある。（取材時、筆者は「３Ｄホログラムみたいな感じですか？」と涼子さんに訊ねたが、彼女はその言葉にピンときていなかった）

　娘の一連の動作を見て、母は「あんた、どうしたの」と溜め息混じりに言った。

　涼子さん自身もどうしたものかと思った。

　ふと現在の状況が不安になり、目が潤んでしまう。

「母さん……あたしには、ここに置物が見えてるんだけど……」

　涼子さんは突如湧き起こったこの問題を一人で抱え込むのも辛かったので、即座に母に説明した。

　すると母は「疲れてるんじゃない？　……寝れば……？」とだけ言って、台所に引っ込んだ。余り深追いしないのも母の優しさか。涼子さんは埒が明かない現状を打破するために、素直にその言葉に従い、溢れそうな涙を抑えて自室へ戻った。

翌朝の食卓にはオブジェはなかった。母も涼子さんも暫くは昨晩のことに触れることなく、世間話をしながら朝ごはんを食べていたが、何か思い当たった母が「ああ……昨日一緒に御飯食べた友達がそういえば」とこんな話をしてくれた。

昨晩、母は数人の古い友人と「女子会」を楽しんでいたそうだ。

話題は多岐に及び、母が「私、クラフト市が好きでついつい余計なものを買っちゃうのよ」と話を振ったところ、旧友の一人、トモエさんが「うちの死んだ旦那も好きで」と話に乗ってきた。

ただ、トモエさんの旦那が買うものが骨董の芸術品ばかりで、死後の処分に今も困っているのだという。捨てるのも忍びないが、残っていても邪魔、とそんな話だったそうだ。

モノ好きの母は「うんうん、でもついつい買っちゃうのよねえ」とそんなトモエさんの話を聞きながら、内心で（捨てるなら貰いたい）と涎を垂らしたとのこと。

涼子さんがもしやここにあのオブジェの存在のヒントがあるのではと感じ「で?」と、更なる話を促したが、母は「で?　って何よ」。

涼子さんの体験談はここで幕を閉じた。

怪談随筆「新・津軽」五、黒石市

黒石市には、江戸時代から続く造りが通り全体に残された、「中町こみせ通り」がある。藩政時代に作られたアーケードに覆われたこの通りは、青森観光の中でも目玉の一つとされている。

こみせ通り以外にも、魅惑的な温泉と飲食店が点在し、心惹かれるものがある。

中町の蔵を改装したイベントスペース「音蔵 こみせん」で怪談イベントを開いた折は、こみせ通りの味わいと夏の夜の静けさが、怪談に一層の魔を潜ませた感があった。

以前私が弘前市鍛冶町のスナックでボーイをしていた頃、同じ雑居ビルのスナックで働く黒石市出身の若者から、ある体験談を聞いたことがある。

長尺故、ここで記し直すのは控えるが、怪談の内容は、ある倒産したガソリンスタンドに纏わる話であった（『恐怖箱 蝦蟇（竹書房文庫）』に「六号の家」として収載）。

確かに黒石も県内の街並みの例に漏れず、シャッターが閉まったままの商店が目に付く町だ。

彼の話を聞きながら、黒石で生まれた二十歳の若者が、意図せずに「時代の隆盛と没落」を背後に置く実話怪談を語ったことを感慨深く思ったものだ。

「通りを歩いていると、目に見えない馬の足音が聞こえた」


とは、黒石市在住の私がかつて働いていた飲食店の同僚談。

小さな話であるが、確かに蹄《ひづめ》が道を打つ音が聞こえてきそうな景色に誰もが納得する。


高校時代、黒石から電車通学していた同級生の話にこんなものがある。


兄が買ってきたアイドルグループ「男闘呼組」のカセットテープに異音が入っていた。

異音は、うー、あー、という唸り声に時折お経のようなものが混じっていたという。

そのテープは気味が悪いながらも保管しているのだが、誰かに聴かせようとすると見つからず、一人又は兄と部屋にいると、ひょいと床に転がっていた。

同じ高校に彼の幼馴染の男子生徒がいたのだが、唯一彼は聞いたことがある。

私が彼の家を訪問したときも、やはり見つからず、翌日「起きたら枕元にあった」と報告があった。

彼は面白半分に嘘を吐くようなタイプではなかったので私は信じたが、この程度の情報では、読者の中に疑う者もいるだろう。

だが、この怪しさが良いではないか、と私は思うのである。

実はこの世の怪談はおしなべて怪しい情報で構成されている。

ならば、あれは嘘、これは本当と判断することなど、誰にもできないはずだ。

少し夜のこみせ通りを歩いた後に、妙な声が入ったテープの話を聞けば、それだけで信憑性は増すというものだ。

他には、その昔、黒石市にあった廃病院へ肝試しに行った方曰く、「病院の中に入ろうとして侵入口までの途中にあるボイラー管の間を通ろうとしたら、管がキャンキャンキャンキャンと高い音で鳴り出した」というのもある。

これも、怪しくて好きな話だ。

湖畔

石山さんが栄養士専門学校二年生だったときの体験談だ。


平成最初の年だった。

最終学年の夏休み。

思い出作りにと仲のいい男女数人で、十和田湖畔にあるキャンプ場を訪れた。

その日は平日ということもあり、駐車場には車が一台もなかった。

管理小屋でチェックインを終え、指定された場所でテントの設営を始める。

殆どがキャンプ初心者で、四苦八苦しながら何とか設営を終えた。

「どうです？　テントは張れましたか？」

管理人が心配して見に来てくれた。

「大丈夫。できましたよ」

「そうですか、それは良かった。今晩は天気が荒れるらしいから気を付けてね。ワタシは管理人室を閉めたら帰るんで、何かあったらこの電話番号に電話して下さい」

「はあい！　ありがとうございます」

津軽弁とは違うイントネーションで話す管理人から連絡先のメモを貰う。

夜のキャンプ場を自分達だけで一人占めできる――そんな期待に、石山さん達は胸が躍った。

皆で湖畔に向かった。

夜から天気は荒れると言うが、現在は快晴で清々しい湖畔が広がっている。

湖面も静かで、観光遊覧船が湖の中央付近をゆっくりと進んでいる。

「キャッ！　冷たい！　でも気持ち良いね」

一行は靴を脱ぎ、裸足を湖に浸らせた。

「本当に……誰もいないな」

どれくらい湖に入って遊んでいただろうか。

誰かが「そろそろ行こうか」と声を掛け、皆で岸に上がり濡れた足を拭いていたとき、石山さんは少し離れた水辺に、花束が手向けられていることに気が付いた。

野次馬心をくすぐられ皆に教えようと思ったが、折角の楽しい雰囲気を台無しにするのもデリカシーに欠ける。石山さんは花束を一瞥《いちべつ》すると、なるべく忘れるようにした。

キャンプ場に戻り、皆でワイワイと夕食の準備を始めた。

学生とはいえ栄養士の卵、手際よく次々と料理ができていった。

酒が入った夕餉《ゆうげ》は盛況となったが、予報通り厚い雲が掛かり出し、それらが強風でうねるように空を漂う様子を前に、早めの就寝とあいなった。

「じゃあ、おやすみ！」

「覗かないでね！」

「うるせー。覗くわけねーべ！」

宴の後片付けを終え、冗談を言い合いながら男女別れてテントに入った。

暫くはテントの中の会話も盛り上がっていたが、時間が深くなるにつれ一人一人と眠りに就いていった。

強い風に雨が混じると、あっという間に嵐に変わった。

石山さんは寝付けずにいた。

ビュービューと吹く風と湖の激しい波の音を肴に、酒を飲んで時間を過ごす。

パキッ、パキッ、パキッ。

テントの外から、風の音に混じって散らばった小枝や硬い雑草の茎を踏む音が聞こえた。

誰かが歩いているらしい。

女子の誰かがトイレに行くために外へ出たのだろう。

パキッ、パキッ、パキッ。

音は止まない。

音の主はどこかに向かうように離れていくことはなく、ただテントの周囲をゆっくりと回っているようだ。

人ではなく、動物なのかもしれない。

この嵐でも危険な大型動物がテントを襲うことがあるのだろうかと悩んだが、石山さんの知識ではどうにも答えが見つからず、少し不安になった。

何にせよ、自分は動かないでいよう。

動物であれ仲間の一人であれ、どうにも動きが不穏だ。わざわざびしょ濡れになってまで確かめるまでもない。

そのまま数分ほど続いた足音は、突然止んだ。

すると暫くしてから、か細い女性の声が外から届いた。

「大丈夫？」

女子の誰かがこちらのテントを案じて声を掛けているらしい。

足音を立てていたのはやはり仲間だったのか、それとも別の誰かだったのかは判別が付かなかったが、声がテントに近いことを思えば前者なのだろう。

「……大丈夫だよ」

皆が起きないようにテントの窓から返答をした。

また、声。

「大丈夫？」

「大丈夫だよ。うん。大丈夫」

暫しの沈黙があるが三度《みたび》、「大丈夫？」

幾ら雨風で騒がしいとはいえ、聞こえているはずだ。

なぜ何度も問い掛けてくるのか。

「大丈夫？」

この人はびしょ濡れになりながら、テントの側でこちらに同じ言葉を掛け続けている。

初めのうちは寝ている人を配慮して、小さな声を出しているくれているのかと思ったが、どうもこの人はこういう声音らしい。

この人。

知らない人だ。

「大丈夫？」

仲間ではないずぶ濡れの女が、嵐に吹かれながらこのテントの側にいる。

パキッ、パキッ、パキッ。

またスローテンポの足音が始まった。


パキッ、パキッ、パキッ…………大丈夫？


石山さんは寝袋を頭から被った。

足音と女の声は交互に続き、その晩は殆ど眠ることができなかった。


翌日、天気はすっかり回復していた。

皆でコーヒーを飲んだり朝食の支度をしていると、自然に昨晩の話題になった。

「夕べ、何かテントの周り歩く音してたよね」

「声もしてた。女の声」

「オラも聞いた」

各々、寝付きが悪かったのだそうだ。

自分だけが起きていると思っていた石山さんは内心ホッとした。

皆が足音や声を聞いているのなら、一人で昨晩の記憶を抱えなくていい。

話し合ううちにどうにも朝食が喉を通らなくなってきた一行は、早々に片付けを終わらせ帰り支度を始めることにした。

石山さんは管理小屋に支払いに向かった。

小屋の前では管理人のおじさんが嵐で散らばった草木を片付けていた。

「おはようございます。管理人のおじさんが……」


「ああ。おはようございます。どうでした？　大分荒れたでしょう？」

二人は手続きのために管理小屋に入った。

「……テントも無事で、楽しいキャンプだったんですが……」

「ええ。でも、ちょっと夜の天候が悪過ぎたでしょう？　焚き火も楽しいですからね」

石山さんは、思い切っておじさんに声と足音のことを話した。

もしかしたら、おじさんなら何か理にかなった説明をしてくれるかもしれない。

「……あー……気のせいでしょ」

おじさんは一度目を伏せてからそう答えた。

「……はい。では確かに支払い頂きましたので……お帰りも気を付けて」

まるで追い出そうとしているかのようなおじさんの挨拶を受け、石山さんは管理小屋を後にした。

一行は石山さんの車を先頭にしてキャンプ場を出た。

石山さんはキャンプ場から早く離れたい一心でアクセルを踏む。

「どうしたの？　そんなに飛ばしたら危ないって」

助手席に座る女友達からそう諭されるも、気持ちは落ち着かない。

国道に続く緩やかな坂道に入った。

減速するためにアクセルペダルから足を離し、更にスピードを落とそうと、ブレーキペダルを踏み込んだときだった。

「あれ？」

石山さんは思わず声を上げた。

「どうしたの？　え？　これ、大丈夫？」同乗者も違和感に気付き、騒ぎ出した。

「ブレーキが……踏み込めない……」

「ちょ、ちょっと！　大丈夫なの？」

もう一度踏んでみるが、何かがブレーキにぶつかっているようで、ペダルが全く下がらない。

「きゃあああああ！」

叫び声と同時に助手席から手が伸び、石山さんの左手を掴んだ。

「きゃああああ……ああ……あああああ……」

友達は絶叫が止まると、続けて何かを言おうとしているようだった。

彼女の視線は石山さんの足元に向いている。

足元。

やはりペダルに何か異変があるようだ。

石山さんは再び下を向いた。

「あああああああ！」

また声が出た。

ペダルを踏めない理由が分かった。

間に挟まっている。

これじゃあ、踏めない。

女の頭部が挟まっている。

泥が付いた長い髪をした女の顔が。

真っ白なその顔が邪魔で、ペダルが踏み込めないのだ。

運転席の床から今産まれたかのように、女は顎辺りまでを露出して、ペダルと床の間に頭部を納めている。

車はスピードを上げ、坂を下り切った先の国道がどんどん近付いてきていた。
一目あの顔を見た後では、もうブレーキペダルの相手をしている場合ではない。
石山さんはサイドブレーキを引き、減速を促した。
しかし、まだ足りない。
このままでは国道を走る数多の車に信号無視で突っ込んでしまう。
やるしかない。
挟まったこの顔を、ぶっ潰すしかない。
踏め。
力の限り踏め。
「うぉらっ！」
意を決して、石山さんは足に渾身の力を込めた。
ぶっちゅうううううう、と踏み潰した感触が靴から伝わってきた。
当然踏んだ分だけ、ペダルが沈んでいく。
やっと思い通りの減速がなされた車は、国道との交差点の停止線で無事に止まった。
「た……助かった……」
「死ぬかと思った……」

啜り泣きと安堵の声が車内を漂う。
石山さんは水に浸けたかのように汗で濡れた手をハンドルから離し、足元を見た。
ペダルと床には、幾本もの汚れた髪の毛が、びっしりと張りついていた。

混乱の夜

十年前、私がまだ運送業に就いていた頃に聞いた話。

連休前のある日、繁忙期のヘルプに智樹という若者が同行することになった。

話をしていると彼も怪談が好きだという。

私は智樹に何か体験談はないかと聞いた。


智樹が友人の正也と男女二人ずつの合コンを開いた場でのことだった。

誰がきっかけともなく、「弘前市内にある某公園の駐車場に隣接する無人駅の辺りに、幽霊が出る」という噂に話題が及び、終いには「嘘か本当か確かめに行こう」と纏まった。

智樹と正也は、どうせ幽霊など出やしないと気軽に考えていた。

あくまで、仲良くなった女の子達とできるだけ一緒にいたいと考えての探索行だ。

夕方から始まった居酒屋での酒宴が存分に盛り上がったこともあり、公園に着いた頃にはとうに零時を回ろうかという時間であった。

公園の駐車場に着くなり正也が言った。

「おい智樹。わ《俺》、カナエちゃん気に入ってらんだじゃ。おめ、協力せじゃ」

と女子達に聞こえないよう小声で言った。

「おう……！　まがせろ……！」と智樹もこそこそ返す。

正也は智樹の返事を合図に「せば《じゃあ》、ただ行っても面白くねぇはんで二人ずつ行くべし！」

と後部に座る女性陣に努めて明るく声を掛けた。

「んだ《そうだ》！　そすべし《そうしよう》！　わ、キョウコちゃんと行ぐがな？」そう同調すると、キョウコは智樹の傍に近付いてから足を止める。

「よし！　せば、わぁ《俺》んど《達》先に行ぐや！」

正也は智樹に笑みを浮かべながら、カナエさんを連れて噂の無人駅に向かって歩き出した。

しかし数分を待って、さてそろそろこちらもスタートしようかと相談を始めた頃、正也とカナエさんが血相を変えて戻ってきた。

「急に電気消えだ！　ビックリした！」

訊くと単に「街灯が消えて驚いた」だけのようだ。

「こったらだ電気急に切れる訳ねぇべな！」

公園の長期間の使用に耐える水銀灯が、肝試しのタイミングで切れるはずがないと正也は主張するが、この世のどんな電灯もいつかは消えるし、そのタイミングは様々だ。

しかし先行の二人がすっかり怯えてしまったからには、「もう全員で探索しに行こう」と話は流れた。

四人で駅に向かって歩く中、智樹は猫の鳴き声を聞いた。

「猫鳴いてね？」

「聞こえねなぁ」

正也とカナエさんは訝しげにそう言い、キョウコは俯き加減で黙ったままだった。

しかし、猫の鳴き声は駅に近付くにつれ、段々大きくなっているようだ。

ここまではっきり聞こえていて、「聞こえない」はないだろう。

「……やっぱ、猫鳴いでるべ？」

「いんや……何も……」少し怒ったような口調で正也は否定した。

「ほらこれ、電気点いてねべ」

消えた街灯に到着すると、正也は指差してそう言った。

「本当だな。切れでるったな《切れてるみたいだな》」

しかし、だから何ということもない。

電灯はいつか切れるのだ。

ふと智樹が視線を前方の無人駅に向けると、ホームに人影があった。

とっくに終電も過ぎているというのに、何の用事だろうと人影に目を凝らす。

「あれ女でねな？　何か抱っこしてるな……」

いつの間にか同じほうを見ていた正也がそう言った。

赤い服を着た女が何かを抱えて立っている。

赤子を抱くような格好だが、腕の中に何があるのかはよく見えない。

そしてまた、猫の声……。

アアアア。

アァアァアァアァ。

鳴き声。

いや、泣き声。

これは赤ん坊の泣き声だ。

「ああ、やっぱり赤ん坊抱いでら」

正也が言った。

そりゃこれだけ泣き声が響いているんだから、そうに決まっているだろう。

もしかして、正也にはまだ聞こえていないのか。

そんなことを考えていると、突如ホームの女が赤い発光体に変わり、こちらに飛んできた。

智樹は凄いスピードで迫りくる光を間一髪、身を捩って避けた。

だが彼の真後ろには、張りつくように自分の後ろを歩いていたキョウコがいた。

「あっ！」

光はキョウコに直撃した。

撃たれたキョウコが悲鳴を上げ、ばたりと倒れた。

「痛い！　痛い！」

皆はキョウコに駆け寄った。

「痛い！　足が痛い！」

「足？　足が痛いの？」

見ると片方の足の先が少し外に向いている。

しかも、じわじわとその角度がキツくなっているようだ。

足でも攣《つ》ったのか、痙攣《けいれん》の類を思わせた。

「痛い！　痛いの！　ああ！」

涙混じりの叫び声が公園に響く。

「ああ。大丈夫だが？　大丈夫が？」

智樹は声を掛けながら彼女を抱き抱えようと、傍に寄った。

「今、車に連れで行ぐから。な。大丈夫だがら……あれ？」

顔を近付けると彼女の口元が思ったよりも緩んでいることに気付いた。

……笑っている？

あれだけ泣き叫んだキョウコが急にニヤリと笑みを浮かべていることに智樹は驚き、身を竦《すく》ませた。

足首が今にも折れそうなほど捻れたそのとき、キョウコは意識を失った。

三人でキョウコを抱えて車に戻り、脱兎の如く車を発進させた。

暫く車を走らせ、目に入ったコンビニで車を停めた。

道中でキョウコは意識を取り戻したがまだ顔色が悪く、がたがたと震えている。

「大丈夫な？」

「……今は大丈夫」

「足、大丈夫な？」

「まだ少し痛い……」

「んだが……」

とりあえずは落ち着いたキョウコの様子にホッとした。

「足、おかしくなったときさ……」

「うん」

「あん時、知らないおじさんが私の足ば捻《を》ってらの《た》。笑いながら『死ね！』って言いながら。あたしの足引っ張って、『死ね！』って」

後日、キョウコさんはむつ市までお祓いをしに行ったそうだ。

ヤツ

弘前市出身の由香さんは、大学を卒業したのち北海道のある企業に就職した。

結婚をした現在は、由香さん、旦那さん、一人娘の芽衣ちゃんと三人で、北海道で暮らしている。

彼女は学生時代、私の職場に国家資格の実習生として訪れていて、私の教え子である。真面目に実習に取り組む優秀な学生だった。

私が怪談を収集していることを知った彼女から、SNSでメッセージを貰ったのは令和二年の秋のことだった。

『ある体験をしてから体調が悪いです。どうしたらいいでしょうか？』

詳しく話を訊くために連絡を取った。

電話の向こうの彼女は、いかにも体調が悪そうだったが、ゆっくりとした口調で体験した内容を語ってくれた。

令和二年十月。

彼女から連絡を貰った数日前の晩が始まりだったそうだ。

「よいっしょ。芽衣ちゃん寝るよ」

旦那さんが芽衣ちゃんを抱っこして立ち上がる。

そろそろ寝ようかと、三人で寝室へ向かおうとしたときだった。

リビングのドアの前に、白い霧が掛かっていることに由香さんが気付いた。

「あれ？　煙？　霧？」

「何？　何もないよ」

一緒にいた旦那さんと芽衣ちゃんは何も気付いていないようだった。

霧はドアの前にどんどん集まり、濃くなっていく。

蠢《うごめ》く霧は、どこか人の形にも見える。

自分にだけ見える霧を目の間に、由香さんはあることを思い出した。

ああ。

子供の頃にこの霧を何度も見ている。

この霧。

そう。

霧。

「どうした？　行くよ」

「ママ。ねんねだよ」

「……ちょっと待ってね」

由香さんの耳には微かな声が聞こえていた。

小さ過ぎて何を言っているかまでは聞き取れない。

だが耳を澄ますと、女の声だということだけは分かる。

また記憶の扉が開く。

そういえば子供の頃に見た霧も、人の形をなしていた。

あのとき見た霧は、確かに女の形になったのだ。

「行くよー」

「う、うん」

家族の声に応え振り向くと、いつしか霧は消えていた。


翌日、喉に違和感を覚えた。そのままどんどん体調が悪化していく。

コロナウイルスの感染も疑い、検査を受けたが陰性。

肺機能が低下し、原因も判明せず医師も頭を抱えたそうだ。

私は由香さんに質問をしてみた。

『子供の頃に見た霧が女の人の形をしてたって言うけど、何か心当たりある？』

『はい……あります。奴《ヤツ》です」

由香さんはその〈心当たりのある女〉を、あからさまな憎しみを込めて「奴」と呼んだ。

奴は由香さんの母雅代さんと、とても親しい仲だったという。

女手一つで彼女を育て上げた雅代さんは、まだ由香さんが小さいとき、少しでも稼げる仕事を求めてスナックのアルバイトを始めた。

雅代さんの明るい人柄は客から好評を得て、間もなく正社員として採用された。

その店には何人ものホステスがいたが、雅代さんはあっという間に売り上げナンバーワンとなった。

スナックを経営するママにも可愛がられ、家族ぐるみで付き合うようになった。

ママの夫は勿論、兄弟達とも交流があり、皆、まだ幼かった由香さんの面倒もよく見てくれていた。

スナックの売り上げは雅代さんの人気でどんどん伸びていった。

そんな中、常連客の一人からこんな声を掛けられた。

「マサちゃんよぉ。お前、もう独り立ちできるんじゃねえのかい？」

「独り立ちだなんて……あたしにはまだまだ……」

「何言ってんだい。店を見渡してみなよ。みーんなマサちゃんの客じゃねえか」

確かに最近はよく指名や同伴をしてくれる客の顔が目立つ毎日だ。

しかし、だからと言ってぽんと独立できるほど甘くはない。

世話になったママへの義理もある。

「その気があったらさ、俺に言ってよ。いろいろ世話できるから……」

客のその口調は大真面目で、事実その人にはあり余る財力があった。

日を追って客との更なるやり取りが続き、雅代さんは悩んだ。

娘の今後を思うと、まだまだ金が必要だ。

家族を守るために、財産が多過ぎて困るということはない。

「やってみようと思うの」

「おう。その言葉を待ってたよ」

ママに頭を下げ、理解を求めた。

私と娘だけなんです。

まだまだ先は長いんです。

本当にお世話になりました。

だが、ママは納得しなかった。

「あんた、自分が何をしてるか分かってるのかい？」

「この店がどうなっても良いってなら、勝手にやんなよ」

「恩知らずがどのツラ下げて、独立ってんだ？　あんたがやったって、すぐ潰れちまうよ」

結果、雅代さんはママに背を向けるように独立を決行するしかなかった。

そして、雅代さんの店が右肩上がりで売り上げを伸ばしていく一方、ママのスナックは反比例するように斜陽の数年が続き、閉店した。

そしてほどなくママは自ら命を絶ち、由香さんの前には霧が現れるようになった。


雅代さんはママとの仲こそ険悪になったものの、ママの夫、親戚など身内とは独立後も仲良くしてもらっていた。

ママの身内は皆、「あいつはちょっとそういうとこあるんだよ。ごめんな」とママの無礼を詫びながら、由香さんの世話をしてくれていた。

由香さんがママの身内の一人、〈おじさん〉の家に預けられているときによく女の形をした霧＝奴を見たという。

由香さんが怯えた様子を見せると、おじさんは奴に向かって怒鳴り、何度もそうやって守ってくれていたそうだ。

『話を聞いていると、そのスナックのママが恨むのは雅代さんになると思うんだけど、どうして由香さんの前だけに現れるんだろね？』

『あたしがいたから。ですかね？』

『え？』

『あたしのために母親が独立したと思ってたから……』

勿論、誰にも答えは分からない。

しかし、由香さんはどこか自分の中で筋を通しているようだ。

『なるほど……それもあり得るね』

幼少時代の由香さんの話はここで終わる。

『それにしても何で、今また霧が』

『それなんですけど』

数カ月前、雅代さんが幼少時の由香さんの写真を大量に送ってきた。

娘と孫の顔が似ていることを喜んでのことだったそうだ。

懐かしく写真を捲っていると、生前の奴と一緒に収まる写真も幾つかあった。

由香さんはそれらを見ると不快な気持ちが湧き、奴が写った写真を全て処分した。

『多分、それが原因じゃないかと思うんです。もうあたしにはそれしか考えられなくて……』

あくまで霧を見ているのは由香さんだけだ。

霧から守ってくれたおじさんも、実際に見えていたかどうかは分からない。子供が大人の目に見えないものに怯えていたら、大人はどうにかして安心させようとするものだろう。

しかし一つだけ確かなのは、現在の由香さんが幼少時の体験に因んだ大きな不安を抱えているということだ。

『話は分かったよ。由香さんがこっちにいたら知り合いのカミサマ（津軽地方の巫者・祈祷師）や祈祷寺を紹介できるんだけどなあ。おらはカミサマじゃないから、何もしてやれない』

『そうですよね……』

『まあでも、プロじゃないながらに……』

私は自分が知っている幾つかの簡単な清めの方法や、結界の張り方を教えた。

『試してみます』と由香さんが礼を言い、電話を終えた。

数日後、彼女から再びメッセージが届いた。

〈先日は、ありがとうございました。言われた通りに試してみたら、身体が凄く楽になりました。ありがとうございます！　病院でも数値が良くなってると言われました。また何かあったら相談させて下さい〉

私はそのメッセージに安堵した。

正直、一連をどう解釈すべきかも分からなかったが、何よりかつての教え子が元気を取り戻したと言うなら何よりだ。

令和三年一月。

元旦の夜、私はまだ明るい時間から飲んでいたお屠蘇《とそ》に酔い、いつしかうたた寝していた。スマホがメッセージの着信音を鳴らし、見ると由香さんからだった。

〈奴が再び出ました〉

十二月の末から由香さん一家は川の字で寝るようにしていた。

それまでは芽衣ちゃんの夜泣きで起こしてしまわないよう、夫だけ寝室を別にしていたのだ。

夜、由香さんがふと目を覚ますと寝室のドアの外が無性に気になった。

旦那さんと芽衣ちゃんを起こさないように静かにドアを開けた。

見ると廊下に、奴。

慌ててドアを閉めようとする最中、奴が寝室のほうへ動いているのが確認できた。

数分後にもう一度開け、廊下を覗いたときには消えていた。

霧のせいか、翌日からまた体調が悪くなった。

だがこの不調は、初詣で氏神様に行き鳥居を潜るとパッと楽になったそうだ。

〈氏神様が効くなら、お札でも貰ってきたら？〉

〈そうしてみます！〉

数日後、再びメッセージが来た。

神社に行き、御札を頂戴して寝室に置いたそうだ。

それからは怯えていたようなことは起こらず、体調も悪くない。

だが、別種の困ったことが起きた、と由香さんはメッセージに綴《つづ》る。

〈芽衣が寝ないんです〉

御札を寝室に置いた晩からまる二日間、芽衣ちゃんは殆ど寝なかったのだそうだ。

その間、芽衣ちゃんはただただ乳児のように身体を反らして泣きじゃくった。

発熱がある訳でもなく、日中は何事もないように元気に過ごすのだが、寝室で寝かせようとすると疳《かん》の虫が騒ぐ。

三日目の晩。

泊まりに来た雅代さんが泣きじゃくる芽衣ちゃんを見て、

「何でこうなっちゃったの？　何かした？」

と訊ねた。

三日前との変化と言えば、お札しかない。

由香さんは壁に貼ったお札を剥がし、とりあえずリビングに置いた。

すると芽衣ちゃんは、ものの数分で寝息を立て始めた。

再び電話。

『芽衣は御札を恐れてたんですかね？　でも何で』

由香さんの声から疲れが見て取れた。

『御札が関係あるのかもしれないけど、ごめん、おらには分からないよ』

『ですよね……芽衣が心配で……』

私には分からない。

ただのオカルトマニアに、分かるはずもない。

ここで気持ち良く妄想を垂れ流すのも、道徳的によくないだろう。

が、私は分からないなりにも安心させたかった。

『今、御札はどこ？』

『玄関に置いてます』

『御札の写真と芽衣ちゃんの写真、送ってくれる？　おらの知り合いのカミサマに見てもらうから』

通話の最中、元気に遊ぶ芽衣ちゃんの声も時折聞こえていた。

私も由香さんの抱える不安に当てられたのか、じっとりと厭な汗が滲んでいた。

画像はすぐ送られてきた。

まず家内安全のよくある御札が玄関の壁に貼られている写真、続いて芽衣ちゃんの写真が送られてきた。

由香さんが芽衣ちゃんを抱いている。
芽衣ちゃんの目から涙が溢れているのが分かる。
口元の開き具合から、〈泣き叫ぶ〉という印象を受けた。
メッセージ。
〈試しに御札のある玄関で撮影しました。やっぱり芽衣は泣き出しました〉
私のスマホがもう一枚写真を受信した。
写真は先のものと同じく、由香さんに抱っこされた芽衣ちゃんだった。
恐らく、何枚かその場で撮影したのだろう。
しかし、芽衣ちゃんの顔の様子が、随分違う。
人形のように白い肌で、顔全体の印象が同一人物と思えないほど変わっているのだ。
目は細くなり、むずかる間の一瞬を捉えたとは思えないくらいに、表情がない。
頬や鼻のバランスも先に見たものと違う。
再びメッセージ。
〈奴は芽衣を狙っているんでしょうか〉

コロナ禍が落ち着いたら、由香さん一家はカミサマを求めて帰省するつもりだという。

この話は弘前乃怪の会合で鉄爺と公太に写真を見せたところ、「絶対に書くべきだ」と進言され記したものである。

悪魔

ヒトミさんの実家にはかつて特徴的な部屋があった。

「その部屋を昔使っていた叔父と母が、寝ていると身体が動かなくなってうなされたことが何度もあるって言うんです」

そしてある日、ヒトミさんは母からその部屋を貰うことになったのだそうだ。

「母からすれば成長した娘を気遣ってのこと……なんですけどね」

兼ねて「あの部屋は金縛りに遭う」と聞かされていた身としては正直、不安が強い。まだ自分はそこで寝たことがない。金縛りとはどんなものだろうか。うなされるのも厭だ。

しかしその部屋で数日を過ごしているうちに、すっかり自分の部屋ができたことを素直に喜べるようになった。

理由は単純である。

ヒトミさんは金縛りに遭わなかったのだ。

「すぐに、ああ、自分の部屋があるっていいな、と思ったんですが、難点はあって」

時々、悪夢を見る夜があった。

「これって、『うなされる』には当てはまるな、と」

勿論そんな夜を過ごした後には目覚めの良くない朝を迎える訳だが、悪夢の内容はすっかり忘れている。

とはいえ、自室がある嬉しさと目覚めの悪い朝を天秤に掛けると、嬉しさが勝った。

そもそも、この部屋以外に自室に使えるような空き部屋は見当たらない。

ヒトミさんが不意に見ることになる悪夢に堪え数年を経た頃、家主である叔父が結婚した。

そして、家族が増えるならこの古い家は建て替えようという運びとなった。

工事に向けて、それぞれの部屋にある家財を運び出した。

ヒトミさんも自室にある物を次々と外に出していく中、最後に残ったのは箪笥だった。

何人掛かりで部屋に入れたのだろうかという程、その箪笥は大きい。

「ずっと昔の嫁入り道具として持ち込まれていたそうで、作りは立派だけど使い勝手が時代に合わないせいか、誰も利用してなかったんです」

家人総出で運ぶまでもなく、仕上げは引っ越し業者の出番だ。

ヒトミさんに見守られながら数人掛かりで箪笥を持ち上げ壁から離すと、業者の一人が、あっ、と大声を上げた。

壁には大きな黒い染みがあった。

染みは翼を広げた悪魔のような形をしていた。

形がしっかりしているので、染みというよりは何かしっかりとデザインされた模様にも見える。業者達は訝しげに壁を見つめ、首を捻った。

「業者の人たちは気味悪そうにしていましたが、私、その染みに見覚えがあって」

ヒトミさんはその悪魔のデザインを、朝になると忘れてしまっているあの夢で見た気がした。

「ん？　と思った途端、一気に夢の内容を思い出して」


静まり返った部屋で寝ている自分。

どこからか小さな音が聞こえてくる。

音の出所を探そうと布団に寝転がったまま暗い室内を見渡す。

キー……キー……。

音は窓のほうからしていることに気付く。

キー……。

見ると何者かが窓の外にいる。

目を凝らすと月明かりで音の正体が分かった。

翼の生えた男が窓を引っ掻いているのだ。

身体はいつしか動かない。

窓を凝視するが、引っ掻く音はどんどん大きくなっていく。

ああ、あの男はああやって窓を掻いて穴を開けようとしている。

そうやって、あの男は部屋の中に入ろうとしているのだ。

キーキーキーキー。

音はどんどん大きくなっていく。

このままでは侵入されてしまう！　と思ったときに、ドスンドスンという地鳴りにも似た巨人の足音のようなものが部屋中に響き渡る。

するとその音に驚いたのか窓の外の男は立ち去り、そこで目が覚める。

ヒトミさんは染みと夢に関することは誰にも言わずに引っ越しを終えた。

——数年後、ヒトミさんは祖母からこんな話を聞いた。

土地開発が盛んだった頃、近所に土地の売買に失敗して多額の借金を抱えた男がいた。

男はヒトミさんの実家周辺にある十字路に立つ電柱で首を吊ったそうだ。

「発見されたとき、みすぼらしい男の服が風でなびいて、まるで翼を広げた悪魔のようだったと近所で噂になったって祖母が言うんです。ああ、そういうことだったのかなあって合点がいきました」

現在その家は取り壊されており、広大な土地は分譲で売りに出されている。

件の部屋があった側の土地はまだ売れていない。

怪談随筆「新・津軽」六、新・津軽

　前に幾度となく述べてきたが、私は津軽で生まれ、津軽で育った。京都の大学へ通うことになったことを機に、長らく津軽から離れ、しっかりと戻ってきたのは、娘が生まれてから数年後の、ほんの五、六年前のことだ。両親とも車の免許がなかったので、殆ど弘前以外のことを知らずに外へ出てしまい、津軽とは何なのか、津軽の民とはどういったものなのかを考えるようになったのは、これもまた数年前、新聞社の文化部に配属されてからのことだ。

　津軽衆とは、端的に言うとプライドが高く内弁慶、都会に対して劣等感を抱きながらも、我が町を一番とする人々を指す。享楽的な部分を普段は隠し、年に一度のねぷた、ねぶた祭で一気に欲求を爆発させる。長い冬は、老若男女が朝もなく夜もなく、外へ出て雪を掻く。春は弘前公園の桜を見て、秋は紅葉の山々を楽しむ。

　東京、京都、大阪と転々と居を変えた私は、彼ら津軽衆の生活を見るにつけ、どこか人生の答えを得たような気がした。

蟹田の祖母は九十を超えて生き、老衰で亡くなった。

我々家族、親戚達が見守る中、祖母は静かに息を引き取った。

死ぬ間際、祖母は私の手を握り、

「よーへい（筆者本名）、生きろぉ」

と言った。

私は妻にまだ出会っていないその頃、大変辛い人生を送っていた。殆ど最悪であったと言っていい。最悪の理由は、己の自堕落が原因であった。

祖母はそんな私に、生きろ、と言ったのである。

どれだけ私の人生を見透かしていたのかは分からない。もしかしたら、母が孫の様子を報告していたのかもしれない。何にせよ、祖母は、生きろ、と言ったのだ。


先日、私は心の病に罹《かか》り、心療内科へ行った。

診察前のアンケートに「死について頻繁に考えるか」という質問項目があり、私は、はたと考え込んでしまった。

怪談作家を仕事としている者が、死について頻繁に考えない訳がない。

この質問はいかにも「そうですか。死について毎日のように考えているのであれば、あなたは病気です」とでも言われているかのように感じた。勿論、質問の意図がそこにないことを承知はしていたものの、どうにも虚を突かれてしまったのである。

結局、「いや、私はこれからも死についても考える」と考えが纏まり、質問には「はい」と回答した。死について考えることほど、自分にとって大事なことはないのだ。

きっと私は津軽で生きて、津軽で死ぬのだ。そして、毎日死について考え、生を見つめるのである。そして、ここの怪談を紡ぐのだ。生きろぉ。生きろぉ。

鍛冶町を歩き、私は生と死を考える。

青森市の海辺で、生と死を考える。

金木町の祠で生と死を考える。

蟹田で生と死を考える。

生きろぉ。

私は殺人事件のあった現場で生まれ、若くして兄を亡くした。兄は読書家で、私に読書の魅力を教えてくれた。

私は寺社仏閣と山、桜と雪がある町で育った。

人生が最悪であったとき、私は祖母に生きろと言われた。

ひょんなことから怪談を紡ぐ者として世に出たとき、私は筆名として兄の名前を継いだ。

ある女性と出会い、その女性は妻となった。

娘が生まれた。

そして、津軽で生きている。

何と生と死に溢れた道だろう。


今、こうして綴っている間にも雪はこんこんと降っている。

ここはそんな場所なのだ。

しかし、生きるのである。

生きろぉ。

〈まだまだ書きたいことが、あれこれとあつたのだが、津軽の生きてゐる雰囲気は、以上で大体語り尽したやうにも思はれる。私は虚飾を行はなかつた。読者をだましはしなかつた。さらば読者よ、命あらばまた他日。元気で行かう。絶望するな。では、失敬。〉

　太宰の「津軽」はこのように結ばれる。

ならば、私も。

元気で行こう。
絶望するな。
では、失敬。

ねがい

居間

花岡昭雄さんが生まれて間もない、昭和五十年代前半。

花岡一家は青森市内で父光雄さんと母美子さん、長男の亮さん、昭雄さんの四人で暮らしていた。

その日光雄さんは亮さんを連れて、青森市郊外にある実家まで出掛けていた。

残された美子さんは赤ん坊の昭雄さんをおぶって、家事をこなしていた。

掃除や洗濯など一通りを終えた美子さんは、自分も少し休もうと昭雄さんを横たわらせ、添い寝をすることにした。

美子さんは疲れがどっと出たのか、あっという間に寝入った。

そして次に目が覚めたのは、眩い光のせいだった。

居間が、まるで金色の世界のように輝いていたのだ。

夢か。それにしても生々しい感覚がある。

横にはすやすやと眠る昭雄さんの姿。
やはり、夢にしてはリアルだ。
美子さんは上体を起こして周りを見渡した。
そして、なぜこんなに部屋が輝いているのか分かった。
居間の中央に観音様が浮かんでいた。
大きな十一面観音が部屋の中にいて、辺りを金色に染めている。
美子さんにとって観音様は子供の頃から身近な存在だった。
恐山に近い家で生まれ、そこで育った。
亡き祖父は、趣味の域を超えて観音様を彫っては寺に奉納していた。
家にある観音様に手を合わせるのは日常の一部だった。
十一面観音は、お爺さんが好んで彫っていた仏像だ。
観音様。
自然と頭《こうべ》が垂れ、両手が合う。
お前の
願いを
述べて

みなさい

美子さんはその声を耳ではない部位で聞いた気がした。

そして、迷わずこう答えた。

「観音様。私は家族全員が健康で怪我なく過ごせれば、幸せです。それが、私の願いです」

目を閉じたまま合掌を続けると、瞼を透けて入ってきた光が段々弱くなっていくのが分かった。ゆっくりと頭を上げると、いつもと同じ居間がそこにあった。

そして先ほどまでの幽玄な時間を切り裂くように、電話がけたたましく鳴った。

電話が置いてある廊下に行くために立ち上がろうとするが、うまく身体が動かない。

折角こんな体験ができ夢見心地でふらついているのだから、このまま電話が鳴り終えるのを待とうか。そんな考えも頭をよぎったが、結局は這って電話に向かった。

「も、も、もしもし……花岡です……」

「あ！　おらだ。いいが。落ち着いて聞げよ！」

光雄さんからだった。

「な、何？」

「亮が、車さ轢《ひ》がれだ」

「え？　怪我は？　大丈夫なの？　病院どこ？」

寝耳に水を垂らされ、美子さんは戸惑った。

「大丈夫だ。病院でねえね《ないよ》、こっちの家さいだね《家にいるよ》」

「今、今行くから！」

受話器を置いた頃には五体は感覚を取り戻していた。

美子さんは昭雄さんを再びおぶり、タクシーで光雄さんの元へ向かった。

昭雄さんの実家

タクシーから降りると、亮さんが実家の祖父母と元気に遊んでいる様が目に飛び込んできた。どうやら本当に大丈夫なようだ。

「亮！」

息子に駆け寄り、両手で身体を触りながら怪我がないか確かめる。

「どこも痛くないの？」

検めたが怪我はどこにもなく、服が少し汚れているだけだった。

笑みを浮かべながら近寄ってきた光雄さんが「どこも何ともねんだね《どこも何ともないんだ》」と自慢げに言う。

「いがった《良かった》！　いがった！」

安堵した美子さんは、亮さんを強く抱きしめ瞳を潤ませた。

「お母さんですか？　この度は、驚かせてしまい申し訳ございません」

どこからか見知らぬ年配の紳士が現れ、美子さんにそう声を掛けた。

訊くと、我が子を轢いたドライバーだという。

「私こういう者でして」

名刺を渡され、見ると県内では誰もが知る一流企業の、社長の肩書きが綴られている。

「私の不注意です……本当に申し訳ございません」

社長は深々と頭を下げた。

事故

社長は山手にあるゴルフ練習場へ向かう途中、道を間違え光雄さんの実家がある集落に迷い込んだ。

更に迷っては困ると、見知らぬ道で慎重にハンドルを切りながら車を進めた。

だが、幾ら安全運転をしているとはいえ、自転車に乗った少年が突然道に飛び出してくるとどうにもならない。

急ブレーキを踏んだが間に合わず、思い切りぶつかってしまった。

少年は自転車ごと大きく飛んだ。

がん、と音を立て路面に打ち付けられた少年に駆け寄ろうと、社長は慌てて車のドアを開けた。

しかし、その時点で既に少年は立ち上がっており、まるで何事もなかったかのように自転車を立て直して歩き出し始めていた。

急ブレーキの音と衝突音を聞いた光雄さんと祖父母、近所の人たちが外に飛び出すと、いかにもバツが悪そうに頭を下げる社長と、笑顔の少年・亮さんが何やら話し合っている姿があった。

ねがい

花岡夫婦は相談した結果、亮さんが元気そうなので、病院に連れていかずに様子を見ることにした。

「本当に申し訳ございませんでした。何があっても私が全部、責任を取ります。勿論、自転車も弁償させて頂きます。後日、改めて御挨拶に伺わせて頂きます」

「御丁寧に、こちらも飛び出して本当に申し訳ないです」

社長は丁寧に両親に挨拶すると、その場を後にした。


花岡一家は自宅に戻り、夜半、夫婦は濃密な一日を振り返った。

「まんず奇跡《しかし》だったな。怪我一つねえとは《ないとは》」

「電話来たときは、たまげでまった《ビックリした》」

美子さんは観音様の件を光雄さんに話した。

しかし光雄さんは思いのほか驚く様子もなく、ゆるゆると晩酌を続けていた。


次の日。

「すみませーん」

戸口に立った社長は箱菓子と沢山のおもちゃを持っていた。

「あらあら。わざわざすみません」

「いえいえ……謝るのはこちらのほうですから……ところで、亮君は……」

「何も。元気です。元気だんだから《元気だから》、社長さんも何も気にせずに……」

社長はいかにも胸の閊《つか》えが取れたというように、表情を緩めた。

「私が言っちゃなんですが……いやー、本当に奇跡です！」

「ええ。ええ。夕べも家内ども話してたんですよぉ」

至って和やかな会話が交わされ、社長は丁寧な挨拶をして帰っていった。

「恐縮しちゃうね」

「まんずな《そうだね》。流石に大きい会社の社長さんだな」

夫婦は居間に戻り一息入れようとお茶を入れ、貰ったばかりの菓子を広げた。

傍らでは亮さんが、貰ったばかりのおもちゃで遊んでいる。

すっかり日常が戻った。

怪我の功名と言うべきか、美子さんは普段よりも少しだけ強く幸せを感じた。

「観音様かあ」

熱い茶に息を吹きかけながら、光雄さんがポツリと呟く。

「え？」

「なあ、オラよ《自分さ》昨日のオメ《お前》の話、思い出してよ」

「どしたの急に。ちゃんと聞いてねがったべ」

「いやあ、あん時はこいつ夢の話ばしてるなって思ったばって《けれど》、よく考えたら、たまげだ《ビックリする》話だ」

「んだ。観音様出てきたんだから」

「観音様おめさ、聞いてきたんだべ？」

「願いばね」

「おめ観音様さ何て言ったが、もういっぺん《もう一回》しかへねが《教えないか》？」

「家族が健康で怪我なく過ごせればってお願いした」

「だべ《そうだろ》？　おめそこでじぇんこ《お金》て言ってれば《言ってたらな》ろう……」

光雄さんはそこまで言うと、勿体ぶって茶を啜り、

「……亮、生きてねがったな。死んでらぞ」

と、神妙な声色で言い放った。

「え？　どういうこと」

煎餅を摘む美子さんの手が止まった。

「じぇんこ欲しいて言ってたらなぁ。亮が事故で死んで、社長さんから保険金でも賠償金でも、がっぱど《いっぱい》じぇんこ《お金》が入ってきたんだね」

「……うん……そういうこともあり得るかも……」

「その代わりによ。健康で怪我なくって言ったから亮、怪我一つもねかったんだ……よいしょお！」

掛け声とともに光雄さんはおもちゃを離さない息子を膝の上に乗せた。

「そ、そうだべが」

「んだね」

「観音様に試されたんでねが？」

「試された……？」

「したばって、おめが亮のこど助けたんだ。おめの願いがな」

「おらの願いが亮のこど助けた……」

美子さんは恐ろしいような、嬉しいような、複雑な気持ちが心に充満した。

そう言われても、何と言っていいのか分からない。

光雄さんは妻を見つめ、息子はおもちゃを振り回している。

「おめ《あなたは》、まんず《凄く》いい《いい》母っちゃ《母親》だな《だよ》」

母の頬に一筋の涙が流れた。

「亮。おめ、良い母っちゃから生まれたなあ」

そう言われた少年は「うん」と頷き、母に手を合わせた。

津軽、怪談、思い出

桜の木ってな、根っこ踏まれても強えはんで土手だの川岸のけんどさ植えるのさ。

橋のたもど《袂》だの土手だの崩れればまいねんたとごさ昔だば人柱埋まだってすべ。

しはたんでな、桜の木の下さだば人埋まってるんだがさしらねんだや。

まだ私が小学校低学年の頃祖母に話してもらった話です。

何げない普段の生活の中でこんな会話が普通にされていましたし、公民館に年に何度かは『イタコ』が来てくれていました。血飛沫に彩られた生首を手に持つ美人画も、『ねぷた』の見送り絵として普通に目にしていました。それが津軽らしいといえばそうなのかもしれません。そんな津軽で育ったからこそ私は怪談が好きなのかもしれないなぁと時々思うのです。私はライブ等では怪談語りをさせてもらったりしておりますが、文字に起こすというのは初めての経験でした。文字とにらめっこするというのは中々にして自分を痛めつける作業でした。沢山のお力添えをいただき形にしてもらったわけですが、少しでもライブでの空気感が伝わりましたならば幸いです。

鉄爺

感謝

あそこで幽霊を見た！　そんな身近な怪談を語る地元の怪談ライブをやろう！　こうして始まった自分の弘前乃怪での活動は体験者を始め多くの人たちに支えられ、青森県内外で活動させてもらっている。

弘前乃怪の怪談本を書いてみない？　高田公太の一言から始まったこの本は、自分にとって改めて怪談と向き合う新鮮な機会となった。

二十年以上前に聞いた話から原稿を書いている最中の話まで数話が掲載されているが、語ってくれた体験者の当時の想いと津軽の風土が読者に伝わることを祈りたい。

そして怪談を提供していただいた体験者と今回の出版機会を与えていただいた加藤氏、編著で苦労をかけた高田公太先生（一応、先生としておく）には、この場を借りて感謝を申し上げる。

いつの機会となるか分からないが更に津軽、青森の風土満載の怪談を読者に提供できるよう取材を続けていく。御愛読ありがとうございました。

鶴乃大助

言語と身体の力

前作『東北巡霊 怪の細道』に続き、本作もコロナ禍中での取材、執筆となりました。青森県外在住者である私の対面取材に応じていただいた方、またＤＭ等で体験談をお送りいただいた方々に心より御礼申し上げます。ありがとうございました。私と青森の繋がりはもう十年近くなりますが、怪談以外にも「青森ねぶた祭」の囃子方としての接点があります。怪談が言語によるパフォーマンスだとすれば、こちらは身体によるパフォーマンス。沿道を埋め尽くす観客を前に、声を張り、少しでも高く跳ねつつ、しかし演奏は正確に。拍手とカメラのフラッシュを浴びる快感は何物にも代え難いものがあります。感染対策の様々な制約はつくでしょうが、今年こそは開催されることを願ってやみません。そして、一人でも多くの方に祭りを観に来ていただきたく思っています。

編著の高田先生と監修の加藤先生には今作でもお世話になりました。今後とも、どうぞ御指導のほどお願い致します。そして読者の皆様におかれましては、心霊体験や不思議な体験がありましたら是非御一報願います。誠心誠意、取材させていただきます。

高野《コウヤ》真《マコト》

全ての関係者に感謝を

本書をお手に取っていただけたことに感謝致します。

ただただ怖い話が好きで怪談本を読んだり、いろいろな方からお話を頂戴するだけで満足して終わっていたのですが、自分が見聞き集めた物をこうして文章として世に出していただけるとは夢にも思わなかった、というのが素直な感想です。

身近にある不可思議な現象や伝承、今まで何とも思わずに生活していたことが、視点を変えると実は全く違う意味合いを持って新たな一面が見えることがあります。

実際に行ける場所などは調べられる範囲で知識と歴史などの背景も深く見ていけたらと思っております。若輩者ではございますが、関係者の方々に御迷惑をおかけしながら細々と楽しんでいけたらと考えております。

少しでも地元の怖い話や怖い場所、またそのような事例がある場所を知っていただけたらこれ幸いと思います。

小林龍司

『青森怪談 弘前乃怪』編著ノート

この本は私の思いつきで編まれた。

鶴乃大助宅で何かの話をしていた折、「今の時流ならば弘前乃怪で本を出すと提案しても企画が通るかもしれない」と私が提案し、その場で監修者の加藤一氏に電話をした。

加藤氏は「良いかもしれない」と好感触を示し、程なく出版予定が決まった。

弘前乃怪メンバーが取材した談話の多さとクォリティに自信があったので、メンバーが初執筆であっても、何とかなるだろうという楽観が私にはあった。

私が編集と著者を兼ね、それまで仙台市在住ということで弘前乃怪の正式メンバーなのかどうか曖昧だった高野真君を正式メンバーに繰り上げし、著者に加えた。

とんとん拍子で刊行日が決まり締め切りが設定された。

「怪談好き」ではあるが、「怪談作家」ではないメンバーの原稿を集める前に一度、講習会を開いた。講習の内容は入稿テキストの基本的なルールを押さえたものだった。

語ると書くでは全く要領が違うのだが、私自身口頭で伝える術を知らなかったので、その程度で済ませた。

そして皆の原稿がぼちぼちと集まり、目を通し驚愕した。

聞き慣れた皆の名作怪談が、自由闊達《かったつ》に自由闊達に……実に自由闊達に書かれていたのである（勿論、先だってデビューしている高野君の原稿はまともであった）。

すぐさま皆に連絡し、新たな注意事項を連絡した。中には原稿が来るたびに電話で注意した著者もいた。

そしてそんな私の言葉に応えるように、めきめきと皆の筆力が上がっていった。語りの持ち味や、怪異に対するスタンスを反映させ、素晴らしい原稿が次々と寄せられた。

私自身、メンバーとのやり取りを通して怪談の新たな魅力に気付き、取材の仕方を見つめ直す良いきっかけともなった。

結果としては御覧の通りだ。

出来映えに何ら恥じることはないものができたと自負している。

あとがきで青森怪談を総括する必要は全くない。

それは本書を読み終えたあなたには分かるはずだ。

これを綴っている今、外は吹雪だ。これが私の青森なのである。

高田公太

青森怪談 弘前乃怪

2021年3月6日　初版第1刷発行

編著　高田公太
共著　鉄爺、鶴乃大助、高野 真、小林龍司
監修　加藤 一
カバー　荻窪裕司（design clopper）
発行人　後藤明信
発行所　株式会社　竹書房
〒102-0072　東京都千代田区飯田橋2-7-3
電話 03-3264-1576（代表）
電話 03-3234-6208（編集）
http://www.takeshobo.co.jp
印刷所　中央精版印刷株式会社

定価はカバーに表示しています。
落丁・乱丁本は当社までお問い合わせ下さい。

ISBN978-4-8019-2561-8 C0193